NYMPHE
des Galeries de Bois.

NYMPHE,
des Galeries de pierre.

BIOGRAPHIE

DES

NYMPHES DU PALAIS ROYAL,

ET AUTRES QUARTIERS DE PARIS ;

Par Modeste AGNÈSE, l'une d'elles ;

Contenant un Précis historique sur les Maisons de prostitution et sur les personnes qui les habitent, ainsi que leurs adresses ;

Suivie des mœurs, coutumes et usages des Courtisanes chez les anciens ; de l'origine de la Femme, etc. ;

Revue et mise en ordre par l'auteur de la *Biographie Dramatique*.

DEUXIÈME ÉDITION.

PRIX : 2 FR.

PARIS,

LIBRAIRIE FRANÇAISE ET ÉTRANGÈRE,
Palais Royal, galerie de bois, n° 231.

1823.

PRÉFACE.

Depuis long-temps la question morale de la prostitution est résolue. Les gouvernemens doivent non-seulement, tolérer, mais encore protéger ces asyles du vice qui, par l'abandon des courtisannes, deviennent le Paladion du sexe. C'est surtout dans une ville riche en population qu'on doit propager ce fléau nécessaire.

On compte à Paris, six mille filles publiques reconnues à la police, et le double de femmes dites entretenues, lesquelles, sont au-dessus des réglemens, et libres des surveillances, par la difficulté d'établir une démarcation entre la prostitution et la dissolution.

Les boulevarts, les jardins publics sont les lieux d'exposition où ces Laïs viennent offrir aux regards publics leurs attraits pendant le jour; et le Palais-Royal devient, le soir, le bazar où se fait l'échange des faveurs pour espèces ayant cours.

Les filles publiques sont divisées en deux classes.

1°. Les femmes pensionnaires.

2°. Les femmes isolées.

Les femmes pensionnaires sont celles, qui, réunies dans une maison, sous l'autorité d'une matrone, sont soumises à des conditions, à des réglemens, reçoivent la nourriture et l'entretien du chef de la communauté, moyennant un impôt prélevé sur les recettes.

Les femmes isolées sont celles qui se dirigent et s'entretiennent par elles-mêmes. Toutes sont comme les premières, soumises à des visites mensuelles du bureau des dispensaires. Des hospices les reçoivent, dès que des symptômes vénériens se déclarent, retenues et soignées par les premiers médecins de Paris, elles sont rendues à la liberté dès leur guérison complette.

Les nuances du caractère des filles publiques fourniraient au moraliste des réflexions profondes. L'oubli de tous les devoirs, uni quelquefois à la stricte observation d'une bienséance, le fanatisme de l'amitié ou de la reconnaissance allié à la dépravation, l'honneur à l'ignominie, la sensibilité à la férocité, sont des traits qu'il serait curieux de saisir ; mais un autre soin nous occupe, nous cherchons les causes de la prostitution.

Une fausse opinion existe sur cette classe de femmes. Le libertinage, dit-on, est devenu pour elles un besoin tel, qu'elles ont en horreur tout ce qui respire la vertu et l'honneur.

Des exceptions loin de détruire les règles, les appuyent : j'ai vu une prostituée retirée du gouffre par un riche étranger, comblée d'or et de plaisir, quitter les lambris dorés d'un palais pour retourner dans une mansarde où la pauvreté était son partage, et cela pour donner un libre essor à ses déréglemens. Mais combien en pourrait-on nombrer, qui après s'être abandonnées à tous les vices, se sont rangées sous la bannière de la décence et de la retenue, et même quelques-unes de l'honneur. En règle générale, toutes les filles publiques ont en horreur leur état d'existence. Observateur, j'en ai vues éprouvant des convulsions, à l'heure indiquée pour se rendre aux jardins. Il en est qui, après avoir obtenu le salaire de leur prostitution, se retirent pendant plusieurs jours, se réduisant à un régime sévère, et ne s'abandonnent de nouveau, que lorsqu'elles ont épuisé leurs dernières ressources, et souffert quelque temps les horreurs de la faim..... Sur cent victimes de la prostitution, il n'en est pas une, qui se soit jettée par inclination dans la fange du vice ; toutes ont été entraînées par une pente insensible : elles se sont égarées sur une route semée de fleurs, et n'ont regardé derrière elles, que lorsque parvenues au fond du précipice, il n'était plus possible de rétrograder. Il en est peu qui furent perdues par la dépravation, la paresse ; beaucoup par la séduction, la sévérité ou l'injustice paternelle, l'intolérance, et la rigidité de l'opinion.

Nous suivrons les filles publiques, non dans le temple du libertinage, mais sur le chemin qu'elles ont suivi pour y parvenir. Plus d'un personnage pourra se reconnaître dans nos esquisses ; la honte sera la seule vengeance qu'elles auront à subir. Leur nom sera respecté : puisse cette scène de tableaux que nous allons parcourir, être offerte aux regards d'un grand nombre. Plus d'une femme frémira sur le sort de *Laurence*, plus d'un père s'attendrira sur *Sophie*. La jeune villageoise répondra aux sollicitations de l'officier de la garnison en lui lisant l'histoire d'*É-*

lisa, et la mère en pensant à *Cécile*, tendra les bras à sa fille coupable d'une première faute. Puissé-je ravir une victime à l'infamie, et mon but sera rempli.

BIOGRAPHIE
DES NYMPHES
DU PALAIS-ROYAL.

ADELAIDE,
rue Saint-Honoré N.° 2.

Adelaide naquit en Picardie. A peine âgée de seize ans, la passion du libertinage s'empara d'elle, elle s'écarta de la ligne de son devoir et abandonna le toit paternel. Elle arriva à Paris, ou sa beauté lui fit bientôt une cour d'adorateurs. Au nombre de ceux qui soupiraient pour elle, était M. C....., riche anglais, possesseur de plus de cent mille livres de rente. Il avait pris un hôtel superbe, avait monté sa maison sur le meilleur ton, et nageait ainsi dans les délices; il avait loué une loge à tous les spectacles. La finesse du minois d'Adelaide, l'agrément de sa voix le séduisirent. Il se trouva enlacé sans s'en apercevoir, heureusement son opulence le mettait dans le cas de ne pas craindre un refus. Il apprend que la jeune personne n'a point d'entreteneur, ni même d'amoureux, qu'elle est parfaitement sa maîtresse, il saisit l'occasion et va la trouver. Il lui déclare qu'il est très-gauche dans le commerce de la galanterie : que cependant par un instinct surnaturel il l'a démêlée et goutée, qu'elle lui plaît infiniment, qu'il en est fou et qu'il a cinquante mille livres de rente à manger avec elle, s'il est assez heureux pour que ses hommages soient acceptés. La jolie nymphe découvre à travers ce ton brusque, un genre d'éloquence très-attrayant, l'originalité du personnage ne la rebute point et elle semble disposée à accéder à ses propositions. Les conventions ne tardèrent pas à se conclure, la plus importante était déjà annoncée et devait faciliter toutes les autres, il lui donne pour premier présent mille louis et du reste mille écus par mois. Il demande en retour de l'amour, des égards, des carresses..... et la fidélité. Promettre et tenir sont deux, surtout en amour. Adelaide avait trop de coquetterie pour sepasser de la foule d'adorateurs qui brûlaient leur encens à ses pieds, elle avait trop d'urbanité pour consentir à leur éloignement. L'anglais jaloux s'aperçut combien sa défense était mal gardée ; il commanda de nouveau, on résista, et son amour semblant un esclavage cruel, il fut congédié et remplacé par un grand nombre d'amans qui obtinrent à tour de rôle les faveurs de la jolie nymphe, jusqu'au moment où elle se réfugia sous les galeries du Palais-Royal.

AGLAÉ *dite* la belle ANGLAISE,

rue *Croix-des-Petits-Champs*,

n° 17.

Cheveux blonds bouclés à la Ninon, œil bleu, taille svelte ; voila ce qui distingue Aglaé. Son regard mélancolique, sa démarche noble lui ont fait donner le surnom de belle anglaise. Aglaé a vingt ans ; une extrême pâleur est empreinte sur son visage. Elle ne cherche point à réparer les ravages du chagrin... Dès qu'on l'aperçoit on la plaint..; et ce sentiment pénible qui vole au devant des prostituées n'existe pas pour elle... Aglaé était fiancée à un officier d'état-major, ses noces étaient fixées au retour de Moscou.. L'amant ne survécut pas à la mort de ses frères d'armes, il resta sous les neiges de la Newa. Aglaé devint folle.., elle fut envoyée dans la maison de santé du docteur Th..., sa guérison fut longue. Convalescente elle arrive à la maison paternelle...; un corbillard sortait... son père avait cessé d'exister... sa raison se perd de nouveau. Une nouvelle cure de six mois commence ; ce tems écoulé, elle se dirige vers la demeure de sa mère, nouvelle scène d'horreur, elle avait rejoint son époux et d'avides créancier se partageaient la dépouille de la défunte. Aglaé pleura et s'endormit sur les degrés de l'escalier. Un riche locataire en fut instruit. Il était avocat, il devait soutenir l'innocence, il porta des consolations, on l'écouta, il offrit quelques meubles on les accepta, le dîner fut servi... Quand on passe d'un moment de souffrance à un instant de calme, le cœur reçoit facilement les tendres impressions, l'avocat était jeune, Aglaé était jolie... et le couple se tutoya le lendemain matin.... six mois après l'avocat se maria. Aglaé en conçut un vif chagrin.. l'homme de loi lui envoya son médecin, le docteur conseilla le champagne.. Aglaé sourit et se promit d'aller au jardin des Plantes. L'Esculape offrit un pied à terre à Belleville, on s'y rendit... La campagne au mois de mai fait naître mille émotions, le chant des oiseaux, les émanations des fleurs et le vin d'Aï livrent assaut à tous les sens... le lendemain matin le couple se tutoyait... On revint à la ville. Le docteur fut mandé dans les départemens. Le pharmacien vint le lendemain toucher un mémoire; la jeune fille pâlit... son geste fut compris, on changea de conversation... et le lendemain matin le couple se tutoyait.

Quelques jours après, Aglaé se rendait rue du Bac, elle espérait trouver une lingère qui lui permît de gagner chez elle son existence; il était neuf heures, elle traversait le Pont-Royal, au moment où son pié quitte le parapet, le cheval d'un cabriolet fait un écart, Aglaé s'évanouit; le maître descend, c'était un officier de garde au château, il lui prodigue des soins, le monde s'assemble, pour éviter la cohue; il la place dans son équipage..; et le lendemain matin le couple se tutoyait... le surlendemain le régiment partait, Aglaé suivit *par reconnaissance* l'officier. Elle se brouilla bientôt avec son amant; elle revint à Paris. Aglaé fut accueillie par une de ces femmes dont l'emploi est d'attirer, dans le chomin du vice, l'innocence ou la pauvreté. Elle crut trouver une amie, une protectrice, elle accepta des services dont les suites furent pour elle les larmes et le déshonneur.

ANNETTE.

Annette était fille d'un débitant de tabac de la ville de S***. Son père, voulant se soustraire aux obligations que contractent tous ceux de sa profession, de verser, comme fermiers, un droit dans la caisse de la régie, tenta de doubler ses bénéfices en ne les partageant avec personne. Un employé découvrit le pot-aux-roses, et procès-verbal fut dressé de la contravention.

Prières, offres d'argent furent adressées par le débitant pour assoupir l'affaire. Rien ne put émouvoir l'âme de l'agent observateur... Il y avait quarante ans qu'il faisait le métier, et son cœur était endurci... Il ne fut cependant pas sourd à la proposition que le père lui fit de lui donner sa fille en mariage, et si la gentille Annette avait entendu le marché d'aussi bon cœur que lui, sans doute que le profit de l'amende ne serait pas sorti de la famille. Le soupirant avait cinquante-quatre ans, et la fille du marchant de tabac en avait seize; elle n'aimait pas l'employé, malgré ses dix-huit cent livres d'appointement, et aimait en revanche un surnuméraire des *douanes*, qui n'avait pour tout bien que vingt ans et l'espérance. Elle refusa donc son père. Le rapport fut fait à l'administration, la prise déclarée bonne, le marchand renvoyé par la régie, la fille chassée par le marchand. Accueillie par le surnuméraire des douanes qui céda sa conquête au chef de bureau pour une place d'expéditionnaire, l'amante résiliée passa de bureau en bureau, et après avoir obtenu les faveurs d'un administrateur, elle revint au chef de division, du chef au sous-chef, du sous-chef au contrôleur, du contrôleur au commis d'ordre, du commis d'ordre à l'expéditionnaire, de l'expéditionnaire au garçon de bureau, du garçon de bureau à la loge du portier, de la loge du portier à l'hôtel d'un anglais, de l'hôtel de l'anglais aux coulisses de la Gaîté, des coulisses de la Gaité à un comptoir de modiste, du comptoir de modiste aux galeries du Palais-Royal.

AMÉLIE C***.

Rue de Richelieu.

Le nom d'Amélie C... doit être marqué d'une croix rouge dans les annales de la prostitution. Élevée sous le toit paternel, la première déclaration d'amour qu'elle entendit, sortit de la bouche de l'auteur de ses jours. La mort avait moissonné sa mère ; son père voulut la contraindre à remplir envers lui les devoirs d'une épouse, et pour se soustraire à cet acte atroce de l'autorité paternelle, elle se jetta dans une maison de débauche, comme dans un sanctuaire protecteur.

ANNE,

Rue de la Tour.

Nous avons vu dans cette galerie plusieurs nymphes qui sont tombées dans l'état de prostitution pour s'être livrées à des lectures pernicieuses. Amélie est encore une victime qu'il faut ajouter au nombre. Elle naquit au village de.... dans le Poitou, elle était fille d'un laboureur. Selon la coutume, elle gardait les troupeaux de son père dans les prés qui avoisinent la grande route. *Anne* était curieuse ; dès qu'elle entendait les pas d'un voyageur, le bruit d'une voiture, ou le hennissement d'un cheval elle accourait sur le bord du fossé qui séparait la route du champ, et elle suivait des yeux ceux qui passaient par cet endroit. Il arrivait souvent qu'un marchand colporteur se présentait à ses regards ; soit qu'il allât à une foire voisine, soit qu'il en revînt. Anne observait les marchandises, et plus d'une fois elle changeait un baiser contre un mouchoir d'indienne bigarré, ou contre un chapelet de ces graines rouges que le peuple nomme *graines d'Amérique*. Anne aimait la lecture ; un colporteur lui offrit quelques-uns de ces ouvrages que les lois cherchent en vain à arrêter, comme un poison dangereux qui porte un germe de corruption partout où on le répand. Grâce aux principes émis dans ces libelles, grâce aux tableaux et aux figures que le dessinateur plus coupable que l'écrivain, a enfanté pour servir d'explication au texte, Anne abandonna la maison paternelle, et vint à Paris, où bientôt, dans la plus affreuse misère, elle mendia le pain de la prostitution.

Quelque temps après son arrivée, et son abandon de tout sentiment de retenue et de décence, elle errait et suivant l'usage s'efforçait d'attirer vers elle un de ceux qui, pour une faible somme, vont acheter de prompts repentirs....

La nuit était sombre, l'état de délabrement de la toilette de la nymphe ne lui permettait pas de se montrer dans les quartiers où le libertinage paraît sous des tuniques dorées, elle était dans un de ces lieux retirés, asiles des *dernières* prostituées, s'il peut y avoir un degré dans la prostitution ; une voix frappe son oreille, un frisson s'empare de ses membres, ses dents, comme dans une convulsion, s'entrechoquent, elle jette un cri et vole au-devant d'un homme.... Ses mains saisissent ses cheveux, ses ongles déchirent son visage... Bientôt ses deux bras, serrés autour de son cou, compriment fortement cette partie, et ôtent la respiration à cet homme.... Il tombe demi-mort.... Anne foule son corps aux pieds.... L'individu attaqué crie, menace, appele au secours... Un nom sort de la bouche d'Anne.... A ce cri, l'homme garde le silence... Il rassemble le peu de forces qui lui restent, et fuit à pas précipités... C'était le colporteur, première cause de la ruine de la jeune fille. C'était lui qui avait offert à ses yeux et à son esprit des tableaux dont les impressions l'avaient précipitée dans l'abîme.

ANTOINETTE M** J.

Palais Royal, n. 113.

Yeux noirs, cheveux d'ébène, peau de satin, taille élancée, sourire gracieux, telle est Antoinette. Elle naquit sur les bords du Rhône; à l'âge de onze ans elle fut mère. A cet âge, ses désirs étaient tellement dominans, qu'un arrêté d'un maire des environs de Lyon prescrivit aux bergers de garder à vue leurs béliers, pour les préserver de la morsure de cet enfant, qui se précipitait sur eux et leur faisait des blessures profondes. Une telle conformation faisait présager à quel degré de passion s'élèverait un jour Antoinette. Elle fut envoyée à Paris par sa famille, qui, redoutant pour l'avenir des symptômes si effrayans, n'opposa aucune borne à ses besoins.

L'âge et les expériences multipliées que des membres de la faculté de médecine ont tenté, ont calmé le feu qui semblait dévorer les sens de cette jeune fille. On assure cependant qu'il est encore des crises pendant lesquelles son approche est dangereuse. Son âge est 20 ans. Le docteur G.... a publié des notes très-curieuses sur cette prêtresse de Vénus.

———

BÉNIGNE N***,

Rue Notre-Dame-des-Victoires.

Bénigne est née dans une petite ville du Maine. Destinée à la profession de lingère, elle passa ses quinze premières années à conduire l'aiguille ; éblouie par le tablier de soubrette, elle abandonna le comptoir pour l'antichambre, et suivit à Paris, en qualité de femme de chambre, une dame qui recevait en province la qualité de comtesse, et qni n'était sur les bords de la Seine qu'une courtisane du grand ton. Tel maître, tel valet; Bénigne s'aperçut trop tard de la faute qu'elle avait commise. Le langage qu'elle entendait chez sa maîtresse était bien différent de celui qu'elle écoutait jadis; les personnages qu'elle voyait n'étaient plus les mêmes. Depuis son arrivée, tout ce qu'elle s'était accoutumé à honorer était tourné en ridicule; les règles de conduite qu'elle nommait sagesse étaient taxées de sottise par les amis de la maison, qui se délassaient de l'ennui de l'antichambre, et de l'invisibilité momentanée de la maîtresse du lieu, en offrant leurs hommages à l'aimable Bénigne. La soubrette chérissait la paix, elle avait à cœur de satisfaire sa protectrice, calquer ses goûts sur les siens, lui semblait le seul moyen de conserver sa bienveillance. La maîtresse était vive, enjouée, la soubrette se promit de sourire toujours, la maîtresse accueillait avec grâce une foule de jeunes adorateurs. La soubrette devait les recevoir avec affabilité, la maîtresse ne mettait nulle borne à ses conquêtes, la soubrette dut penser que la vertu était un meuble inutile..... Le germe de la corruption fit des progrès rapides dans son âme..... Le libertinage est une conséquence de la coquetterie chez les femmes... Les présens furent acceptés de toutes mains.... Elle reçut comme gage d'amitié, ce qu'on lui donnait comme salaire.... La paresse et l'insouciance suivirent..... La soubrette rougit de porter les chaînes de la dépendance... Un miroir lui dit qu'elle pouvait s'élever.... L'intérêt devint le dieu qu'elle encensa... La fortune la porta d'abord au dernier degré de l'opulence.... Mais la roue tourna ; ses faveurs sont à l'encan, et sous le cachemire et le vitchoura, elle pleure chaque jour la cornette et le jupon court du village.

CAROLINE S...Y.

Rue des Boucheries-St.-Honoré.

Nous serons à même de voir, dans le

cours de ces mémoires, où peut conduire la désobéissance aux volontés paternelles, et l'infraction aux lois de la nature, qui nous commandent de suivre les impulsions que nous donnent les auteurs de nos jours. Jettons les yeux sur les funestes effets d'une sévérité portée à l'extrême. *Caroline S..Y* était d'une famille considérée dans une ville située sur les bords de l'Adour. Née avec un cœur sensible, elle n'avait pu voir sans indifférence l'amour qu'avait conçu pour elle le jeune Édouard B....on. Caroline jugeait les hommes d'après son cœur, loin de chercher à comprimer sa passion, elle l'augmentait encore chaque jour.... Elle devint mère. Le jeune Édouard B...on, oubliant les devoirs de l'honneur et de la délicatesse s'éloigna d'elle. Caroline ne put cacher les suites d'une première faute, elle attendit dans les larmes l'arrêt paternel. Le pardon de Caroline lui fut accordé, à la condition expresse d'abandonner le fruit de son amour à des mains étrangères, et de l'éloigner pour toujours en le plaçant dans cet asyle que la bienfaisance a consacré pour prévenir le crime. Caroline refusa; elle avait commis une faute, elle refusa de la légitimer par un crime. Le père fut inexorable, il condamna Caroline à s'éloigner du toit paternel.... Caroline chargée d'un fardeau bien précieux pour une mère, trouva un gîte dans le sein de la prostitution........ Elle devint criminelle par le fanatisme de la vertu.

CÉCILE, *dite* LA JOLIE BLONDE,

Rue Saint-Honoré en face la Civette.

Le nom de Cécile est un de ceux qui ont acquis le plus de célébrité dans les fastes de la prostitution. Hollandaise d'origine, la jeune Cécile porta le tribut de ses charmes de Paris à Moscou; la France, l'Angleterre, l'Allemagne, la Suisse, furent tour-à-tour le théâtre de ses exploits galans. Lors des désastres de la retraite de Russie, elle perdit dans la retraite une somme considérable, prix de ses faveurs, évaluée à deux millions. Riche des souvenirs de sa fortune et de ses voyages, elle erre maintenant, enfermée dans les bornes des galeries du Palais-Royal.

———

CLARA.

Cul-de-sac de la Brasserie, n. 2.

De grands yeux bleus, une bouche ornée de dents d'ivoire, une chevelure noire qui descend ondoyante sur une peau de satin, font de cette nymphe, une des plus séduisantes de la capitale. Sa mélancolie est empreinte sur tous ses traits. Clara gémit de l'état où elle s'est plongée, elle a honte d'elle-même; tant qu'elle se fait illusion sur le rang qu'elle occupe, sa société est agréable, enjouée, spirituelle; elle charme qui l'écoute; elle est gracieuse sans afféterie; et sans pédanterie, elle fait preuve de savoir; mais quand le jour s'écoule et que les premières ombres de la nuit lui font pressentir l'heure de se rendre à ses habitudes, un tremblement subit s'empare d'elle, une sueur froide coule de son front, elle devient triste et silencieuse, rien ne peut troubler la stupeur dans laquelle elle semble plongée; elle s'achemine machinalement vers son cabinet de toilette; revêt ses ajustemens, s'éclipse aux regards, et quand elle traverse son appartement, on voit se réfléchir dans la glace de sa Psyché une larme qui baigne ses joues, et tombe sur sa poitrine.

CLÉMENCE,

Galerie de Pierre, n. 113.

Il est des destinées tellement bisarres qu'on serait tenté de croire à l'influence du fatalisme. Clémence, destinée à quinze ans à l'état monastique, habitant à vingt, le séjour des filles publiques, est un de ces coups du sort qu'on ne peut considérer sans éprouver un sentiment pénible d'étonnement. Clémence fit son noviciat dans un ordre consacré aux soins des malades ; elle prodigua des consolations aux êtres que la douleur où la pauvreté conduisaient à l'hospice de.... Parmi les êtres souffrans, auxquels elle partageait son temps et ses veilles, était une victime de la souffrance près duquel son ministère l'appelait sans cesse. C'était un jeune homme qu'une maladie de langueur conduisait au tombeau. Abandonné de ses amis, il attendait la mort avec impatience... La jeune novice résolut d'entreprendre une cure qu'avait abandonnée les médecins. Des prévenances, des visites fréquentes, un sourire divin, un accent enchanteur firent sur l'âme du moribond ce que n'avait pu faire les remèdes de la faculté.... Il guérit en peu de temps ; mais hélas ! le mal qui avait assiégé le jeune homme passa dans l'âme de la jeune novice, elle fut en peu de temps dans un état semblable à celui dont elle avait tiré le convalescent. Les symptômes de l'amour se déclarèrent...

et la fuite de l'hospice fut résolue, et exécutée... Dès lors la sainte revint. Réunis ensemble, les amans sentirent d'abord les douceurs d'un tendre épanchement, mais ils sentirent ensuite la faim... Dénués tous deux de moyens d'existence, ils se regardèrent et se repentirent, l'un de s'être soustrait aux douceurs de la mort, l'autre aux rigueurs du cloître... Un bruit se fait entendre, le nom du jeune homme est prononcé... Des agens de police se présentent, arrêtent le couple... Le jeune homme que la novice avait suivi était un condamné pour vol, dont la police avait attendu le rétablissement pour le livrer à la vengeance des lois. Clémence anéantie, jette sur son ravisseur un regard d'effroi.. Un des agens observe qu'elle pourra donner des éclaircissemens sur des faits imputés à celui qu'on arrête; elle est conduite dans une maison de réclusion comme vagabonde et ne pouvant désigner son domicile, ni déclarer sa famille... La terreur la saisit, elle fuit, se dérobe aux regards, parcourt les quartiers les plus éloignés, succombe de besoin, quand elle reprend ses sens, se trouve entre les bras d'une femme qui lui prodigue des soins, la rappelle à la vie et la prostitue avant même qu'elle sache ce que c'est que la prostitution.

ÉLISA R. D...

Rue Saint-Honoré, N°.

Elisa naquit au village. Elle menait paître les moutons d'un fermier des bords de la Loire ; à quinze ans, elle était la plus jolie du hameau de saint-C... Elle avait déjà obtenu la rose de sagesse, quand un détachement de chasseurs à cheval vint établir son cantonnement dans le pays dont elle était l'ornement. Ce que n'avait pu faire les tendres confidences des bergers, les déclarations grivoises des villageois, un coup d'œil le fit. Un officier, brillant de jeunesse et de bravoure, obtint les premières faveurs d'Élisa. Tout le village le sut ou du moins le soupçonna ; Élisa, en but aux sarcasmes des siens, abandonna les lieux de sa naissance. Elle suivit à Paris l'amant qu'elle avait choisi...... Son amour était extrême, mais sa fortune était mince. Élisa fut placée comme femme de chambre chez la femme du colonel du régiment. Le colonel, qui l'avait reçue sur la recommandation de l'officier subalterne, ne s'était point engagé à respecter la propriété du frère d'arme, et la communauté s'établit. Le premier amant s'en aperçut, et parla. Il fut envoyé aux arrêts. Le désir de la vengeance rendit indiscret l'officier captif : il instruisit l'épouse du colonel des infractions que son époux faisait aux lois conjugales. Guerre intestine entre les deux couple ; combat entre les deux militaires, et duel verbal entre les deux adversaires féminins. La réconciliation renaît entre deux hommes après un combat. La haine des femmes augmente. Résultat : la jeune Élisa fut sacrifiée comme garant de la paix; elle revint à Paris, c'est le pays de l'espérance : elle fit des démarches pour découvrir un emploi qui pût fournir à ses besoins. C'était vers les jardins publics qu'elle se dirigeait chaque jour, afin d'être remarquée par quelque riche promeneuse qui, charmée de sa physionomie piquante, et la grâce de sa démarche, se l'attachât en qualité de conseillère de boudoirs ou gouvernante d'enfans. Un personnage, à la suite de l'ambassadeur de la Sublime Porte, la remarqua.

Elisa l'aperçut, et sa promenade fut

prolongée plus longtemps que de coutume. Rentrée dans le modeste manoir qui lui servait d'asile, elle reçoit un petit coffre dans lequel était un superbe cachemire qu'elle reconnut pour être le turban qui couvrait la tête du promeneur turc. A cette parure étaient joints mille objets de curiosités, de luxe et de friandise. Le Turc était observateur : il savait qu'en France, si l'on peut subjuguer les belles par les produits de la rue Vivienne, on les enchaîne encore par les doux tributs de la rue des Lombards ; aux écharpes, fourrures et plumages, se mariaient des boîtes de pistache, de cédras, d'ananas... Elisa rougit. Elle parut regretter que ces présens ne fussent pas envoyés par un Français. Elle se promit de les renvoyer le lendemain par le porteur qui devait se présenter pour demander réponse d'un billet qu'il avait déposé chez la portière.... La nuit se passe, le point du jour paraît, on frappe à la porte. Elisa tremble. Elle descend de sa couche, elle ouvre, et reçoit la personne chargée de recevoir sa réponse. Ayant puisé dans le sommeil l'oubli des actions de la veille, elle vole près de la cassette, ayant l'intention de la remettre intacte; mais hélas! le soir une parente rencontrée par hasard, avait prié Elisa d'une partie de spectacle. Elisa avait accepté et, pour rehausser ses attraits, avait jeté négligemment sur ses épaules le schal turc. A la sortie du spectacle, le cachemire d'une dimension fort étendue, traînait aux pieds de la jolie soubrette ; un éperon ennemi, ou un ciseau fripon en avait dérobé la partie de derrière. Elisa rentrée n'avait point observé les effets de cette mésaventure ; harassée, fatiguée, elle avait senti au retour le besoin d'humecter ses lèvres desséchées par la poussière et les feux du jour, ses jolis doigts s'étaient promenés sur la boîte de comestibles ; les premières vapeurs du sommeil avaient sans doute versé l'oubli des résolutions sur la jeune fille, en peu de momens le chef-d'œuvre du confiseur fut défait, et les vestiges épars sur le plancher attestaient seuls son antique splendeur. Un trait de foudre frappa la jeune fille à l'aspect de ce changement. Elle répondit, en bégayant ; qu'elle n'avait pas de réponse à rendre. L'envoyé sortit. L'amant en tunique, sachant sans doute que ne pas renvoyer un premier présent d'amour c'est en solliciter un second, vint s'offrir bientôt aux regards de la jeune fille qui paya, par un tribut à l'amour, sa friandise et sa coquetterie. Le sort d'Élisa changea. De la modeste mansarde elle descendit au premier étage de l'hôtel qu'elle habitait, elle eut à ses ordres un char élégant traîné par deux chevaux, chaque soir elle brillait aux premières loges de l'Opéra. Jeune et Française, Elisa était coquette, vieux et Turc, son amant était jaloux ; il ne tarda pas à s'apercevoir que le satin des joues de sa pensionnaire se colorait d'une teinte de rose, toutes les fois qu'un regard furtif se portait sur elle; il s'en plaignit d'abord, puis se fâcha, puis exila son amante qui se consola de son bannissement dans les bras d'un architecte qui, propriétaire de l'hôtel qu'elle habitait, avait construit les appartemens de sorte que la voix de ceux qui les habitaient se répétait dans un cabinet qu'il sétait réservé. Au moyen de ce stratagème, l'indiscret architecte bientôt avait suivi tous les degrés de la passion du couple du premier étage. Il connut de même le refroidissement, et en sut tirer parti. Élisa sut à son tour tirer parti de l'architecte. En trois mois, l'hôtel était à elle, et l'architecte habitait à son tour la modeste mansarde, premier asile d'Élisa.

L'hôtel de la nouvelle enrichie devint un temple élevé au plaisir. Compâtissante Elisa ne pouvait voir un amant soupirer plus d'un jour, elle guérissait la blessure aussitôt qu'elle pouvait la découvrir. Après avoir bu à longs traits dans la coupe de la volupté, une passion s'empara du cœur de la jeune personne, et le démon du jeu la posséda ; les tables du festin, les cercles de danses furent remplacés par des tapis verts. Elisa fut ruinée en peu de jours ; elle pensa qu'elle pouvait prendre sans scrupule dans la bourse des uns, ce qu'elle avait versé tant de fois dans celle des autres ; elle emprunta et déguisa quelque temps ainsi l'état fâcheux de son coffre fort... Enfin le pot aux roses fut découvert.

Elisa n'avait jamais emprunté qu'aux hommes, elle pensait qu'il était plus facile de s'acquitter envers eux qu'envers les personnes de l'autre sexe. Elle se libéra donc envers tous, soit en prenant des arrangemens à temps, soit en abandonnant en leur pouvoir ce qu'elle possédait encore ; ceux qui plus vieux ou plus avares voulaient des espèces ayant cours, contraignirent la jeune dame à vendre hôtel, équipages et ajustemens ; elle fut contrainte, pour exister, à suivre dans les maisons de jeux où les femmes étaient admises, quelques anciens amis qu'elle recevait jadis chez elle ; le besoin et le jeu la conduisirent enfin dans le temple de la débauche, et lui firent revêtir les habits de la prostitution.

ELISA, *dite la belle,*

Rue Saint-Honoré, n°.

Cette jeune nymphe a sucé dès son bas âge le lait du vice. Son père ayant gardé l'anonyme, elle fut déposée, sans doute par sa mère, sur les degrés d'un escalier. Une matrone entendit les cris de l'enfant, l'arracha à la mort, lui prodigua les soins nécessaires jusqu'au moment où, sous la protection des lois, elle put la livrer à la honte et à l'infamie. La démarche de cette courtisane, son œil terne, l'insouciance peinte sur son front, décèlent l'absence totale des passions, et un abandon machinal au crime, que la nullité de son esprit ne lui permet, ni d'aimer ni de haïr.

ÉLISE,

Rue Saint-Honoré, N°.

Élise a vingt ans; elle est jolie et spirituelle, elle cache la dissolution des mœurs sous une enveloppe séduisante. Dans le temps que la sagesse était la protectrice de ses actions et l'oracle de sa conduite, il lui arriva une anecdote qui mérite de trouver place ici. Un jeune officier avait trouvé le secret de se glisser sans bruit dans sa maison, et s'était même introduit dans sa chambre. La chandelle était éteinte, les deux amans parlaient le plus bas qu'il leur était possible; mais, malgré toutes ces précautions, la mère, dont le lit n'était séparé que par une cloison, s'aperçut que sa fille n'était pas seule, et demanda qui était là. On ne jugea pas à propos de répondre. Alors elle se lève, ferme la porte de sa fille, et appelle pour avoir de la lumière, persuadée que s'il y avait quelqu'un, on le trouverait infailliblement. L'officier se voyant pris, sauta par la fenêtre, quelque danger qu'il y eût, aimant mieux s'y exposer que de se livrer à la fureur d'une mère intraitable et à la merci d'une troupe de valets insolens, qui ne l'auraient pas ménagé : l'intérêt de sa maîtresse eut peut-être autant de part que le sien à cette généreuse résolution. Quoiqu'il en soit, il ne balança pas à l'exécuter, et quoique la hauteur de l'appartement rendît le saut plus périlleux, il franchit le pas avec un courage héroïque, et s'élança dans la rue, pendant que la trop fâcheuse mère s'amusait à des recherches inutiles, et qu'à la tête de tout son domestique, et une bougie à la main, elle fouillait tous les coins et recoins de sa maison, sans pouvoir rien découvrir. Elle avait cependant, disait-elle, entendu parler dans la chambre de sa fille; de sorte qu'elle ne revenait pas de son étonnement.

La fille, de son côté, dont les premières allarmes commençaient à cesser par l'inutilité des recherches de sa mère, en avait de terribles pour la vie de son amant. Connaissant la route quil avait prise, elle craignait qu'il n'eût péri dans cette expédition. Mais elle se trompait :

l'amour lui avait prêté ses ailes, il était arrivé heureusement dans la rue sans autre accident que de s'être un peu froissé le corps et d'avoir sali son habit. Un pauvre malheureux que quelque besoin avait obligé de s'arrêter contre le mur de cette maison, fut la victime de l'aventure, l'officier tomba sur lui, et peu s'en fallut qu'il ne le tuât; il en fut pourtant quitte pour quelques contusions, et pour une frayeur terrible. Il crut que le ciel tombait, et fit des cris effroyables, sans pouvoir distinguer clairement ce qui lui arrivait. L'officier qui s'était un peu écarté après sa chute, profita habilement du bruit que faisait le malheureux qu'il avait presqu'écrasé. Il frappe de toute sa force à la porte de la maison et demande à parler à la maîtresse. Madame, lui dit-il tout essoufflé, je vous demande pardon de venir à une heure si indue, mais jugeant, en voyant de la lumière chez vous, que vous n'étiez pas encore couchée, j'ai cru devoir vous avertir qu'un homme vient de sauter par vos fenêtres ; il est tombé à mes pieds tandis que je passais. Comme nous sommes obligés de veiller à la sûreté publique, et que la considération que j'ai pour vous me fait intéresser plus particulièrement à la vôtre, j'ai pensé que mon devoir m'obligeait à vous donner un avis aussi important : l'homme est encore là tout étourdi de sa chute, il vous sera aisé de savoir de lui quel était son dessein. Cependant on peut croire qu'il n'en avait pas de bons. Pendant ce discours, Élise ne pouvait se lasser de regarder son amant. Cependant la mère courut dans la rue, où l'inconnu, à peine revenu de son étourdissement, criait miséricorde; il crut qu'on venait à son secours, et il commençait à implorer celui de la dame, quand les domestiques le firent entrer durement et brusquement dans la cour. L'officier, faisant les fonctions de commisaire, l'interrogea dans toutes les formes. Le pauvre diable étonné, nia tout, et soutint, que loin de sauter par la fenêtre, il avait pensé être écrasé par quelque chose de fort pesant qui en était tombé. Ses réponses ne paraissant pas valables, on résolut de le livrer à la justice; mais l'officier, intéressé à ce qu'on n'approfondit pas l'affaire, intercéda pour lui, et obtint sa grace, après cependant lui avoir fait une forte remontrance, et lui avoir fait connaître la grande indulgence qu'on avait de lui pardonner : l'officier prit ensuite congé de la dame, qui le remercia beaucoup de son attention et de ses soins......

ÉMILIE,

Rue Mont-Pensier, n° 2.

Œil bleu vif, cheveux noirs, peau blanche, taille svelte, telle est Émilie. Libertine par besoin, courtisane par caprice, elle a quitté les lambris dorés des hôtels de la Chaussée-d'Antin, pour offrir ses charmes aux yeux des habitués du Palais-Royal. Bien qu'Emilie soit au nombre des prostituées, elle exige de ses adorateurs des soins, des prévenances et même des soupirs; nul ne peut obtenir ses faveurs, s'il ne convient à la jeune prêtresse du plaisir. Réservée dans ses discours, elle serait un modèle à proposer aux dames du monde. Se rendant aux désirs de tous, elle ne pense pas que cet abandon soit incompatible avec un lien de cœur. Emilie a un amant, elle est fidèle, elle fait consister la constance à ne point offrir un sacrifice à l'amour sur la même couche que celle destinée à celui qu'elle aime. Faire avec caprice une offrande à la volupté sur un sopha, rien ne s'y oppose; mais tous les trésors du monde ne pourraient la contraindre à violer le meuble sacré. Un grand nombre de traits d'humanité et de bienfaisance signalent la présence d'Émilie dans le sanctuaire de la prostitution. Plus d'une fois elle a purifié la source de l'or qu'elle possède, en répandant des bienfaits, en volant au devant de l'indigent, ou de l'être souffrant. Émilie enfin est un phénomène inexplicable.

FÉLICITÉ,

Cul-de-sac de la Brasserie, n° 2.

Fille d'une revendeuse à la toilette, Félicité, jeune encore, fréquentait les boudoirs des nymphes parisiennes ; c'est dans ces lieux qu'elle reçut les premières impressions du vice, et que son cœur s'habitua au tableau de la dissolution. Elle arriva par une pente insensible au dernier degré du libertinage, et le Palais-Royal la reçut comme une victime prédestinée à desservir dignement les autels de la prostitution.

FLORE,

Rue de Rohan, n° 4.

Flore à dix-huit ans était citée pour sa beauté; fiancée à un riche propriétaire, elle allait marcher à l'autel pour recevoir le serment d'hymen. La veille du jour fixé pour la cérémonie, Flore se sent atteinte d'un malaise qui est suivi d'une fièvre brûlante. Les symptômes de la petite vérole se manifestent. Flore est préservée de la mort par les soins d'un médecin habile, mais elle ne peut échapper aux ravages de cette cruelle maladie, des traces profondes attestent l'influence du virus variolique. Flore a vu fuir ses charmes, avec eux son amant.

Sa mère qui voit ses espérances détruites, et les illusions de bonheur évanouies, aggrave encore par sa haine les douleurs de sa fille. Flore se retire chez une vieille parente. Elle entre en convalescence. Un jeune homme logé sur le même carré était le seul confident de ses peines. Il devient son consolateur. On est toujours porté à aimer celui qui vous plaint. L'amitié vint d'abord, l'amour ne tarda pas à suivre. Le jeune couple sentit le besoin d'être uni plus intimement. Un projet de mariage fut résolu. On demanda l'autorisation des parens. La mère de Flore refusa. Une fuite fut proposée par le jeune homme, acceptée par la jeune fille, et mise à exécution par tous deux. Le résultat fut bonheur, amour, puis réfroidissement, discussion, séparation. Flore essaya de pourvoir à ses besoins par ses travaux. Sans protection, sans appui, elle fut contrainte de prêter l'oreille à des protestations d'amitié, à des offres de services; elle trouva des êtres intéressés qui mettaient des prix à leur bienveillance. Elle reçut sans réflexion les offrandes que la séduction présentait des mains de l'amitié, et se laissa entraîner, sans le savoir, dans la classe des courtisanes.

HÉLOÏSE.

Héloïse est une des plus jolies nymphes qui viennent au rendez-vous de toutes les beautés faciles qui s'offrent aux désirs. Elle fut mariée. Son époux s'aperçut qu'un militaire vivait avec elle un peu trop familièrement; il lui fit des remontrances, elle répondit avec vivacité; le mari, n'ayant pas les poumons aussi forts que ceux de sa chère moitié, se servit de la loi du plus fort. Héloïse se sauva dans la maison de son amant. Même traitement de la part de l'amant que de celle du mari. Un petit cousin offrit un nouvel asile à la jeune fille, elle l'accepta; mais le petit cousin n'était pas plus galant chevalier que les deux premiers. Héloïse quitta encore cette demeure, elle se retira chez un oncle qui la considéra comme un effet de commerce, et la passa à l'ordre d'un vieux rentier. Héloïse, par amour pour la liberté, rompit sa chaîne, et se jeta dans les rangs des prostituées, moins par libertinage que par dégoût de son sort.

HONORINE,

Rue Montpensier, n° 4.

Honorine était à dix-sept ans ouvrière en robes. Elle était jolie, par conséquent coquette ; elle aimait à plaire, elle y réussissait. Sous la tutelle d'une patrone sévère, elle avait reçu des principes qui devaient la prémunir contre les attaques de la séduction. Mille exemples devaient encore l'écarter du chemin du vice. Elle avait vu vingt de ses compagnes séduites, enlevées, puis abandonnées, et expiant dans la misère et l'infamie les suites d'une première faute. Mais elle en avait vu quelques-unes au comble de la fortune, qui n'avaient trouvé que des fleurs dans la fausse route qu'elles avaient suivie. Honorine se décida donc à tenter la chance, et c'est sous les galeries du Palais-Royal que la conduisit le char du plaisir.

HÉLÈNE,

Rue Saint-Honoré.

Encore une victime des mauvaises lectures. Hélène, ouvrière en broderie, avait perdu ses parens. Abandonnée à elle-même, elle s'était d'abord livrée au travail avec assiduité. L'ordre et l'économie présidaient dans sa demeure. Tant qu'elle travailla sans répugnance, son cœur se conserva dans toute sa pureté; mais dès que, par les soins d'un amant qui lui présenta le fruit de ses épargnes, elle eut senti qu'elle n'était plus dans la nécessité de continuer son occupation pour avoir des moyens d'existence...., elle montra moins d'aptitude, et se relâcha de l'habitude qu'elle avait contractée de fuir l'oisiveté. Bientôt l'ennui s'empara d'elle. Pour chercher à le repousser, elle entra dans un cabinet de lecture... Là, dans le catalogue, elle chercha le titre d'un ouvrage qui pût l'intéresser et l'émouvoir...... Un frappa son regard. Pour épigraphe, il portait ces mots : *La mère en défendra la lecture à sa fille.* Hélène le parcourut avec avidité...... Un mois après, elle avait dévoré toute la bibliothèque du libertinage, et deux mois écoulés, elle pleura, sous l'habit des prostituées, le jour où elle avait lu un ouvrage immoral.

HENRIETTE,

Rue de Marivaux, N.°

Henriette, prêtresse de Vénus, avait conçu un goût violent pour la profession de comédienne ; le brodequin de Thalie chaussa quelque temps son pied ; elle eut une réputation de salons, et parcourut la province avec succès. L'ambition perdit Henriette, la capitale lui sembla le seul théâtre digne de sa présence ; elle tenta l'épreuve, et malgré dix-sept ans, un joli visage, elle éprouva la rigueur du public, ou plutôt la haine d'une rivale, au point qu'elle ne put obtenir l'honneur d'une seconde apparition. Henriette avait fui la maison paternelle pour embrasser cette carrière, sans calculer les chances de succès; elle avait rompu les liens de la dépendance, sans ressources; pressée par les besoins, elle chercha le pain de la prostitution qu'elle mouilla plus d'une fois de ses larmes, en pensant où l'avait conduite la désobéissance aux volontés paternelles et l'infraction aux lois de l'honneur.

JOSÉPHINE,

Rue Dauphine, n° 34.

L'histoire de Joséphine peut fournir au moraliste et à l'observateur, un exemple frappant de ce que peut, sur le cœur d'une femme, la première impression de l'amour. Joséphine, âgée de vingt ans, conçut une forte passion pour le fils d'un employé aux douanes. Vainement pour attirer l'attention du jeune homme, et fixer ses désirs, tenta-t-elle tous les moyens que le sexe féminin emploie avec tant d'art. Tendres œillades, doux abandon, aimable sourire, rien ne put captiver le jeune homme. Joséphine était jolie, mais ce fils, destiné à l'ordre ecclésiastique, se fut fait un scrupule criminel de calmer les tourmens de la jeune voisine, et d'éteindre le feu qui consumait son âme, il fut aveugle a ses muettes prières. Joséphine irritée par la difficulté, projeta le viol du jeune homme; elle réussit à l'aide d'une échelle, à s'introduire pendant la nuit en la demeure du voisin, et malgré les prières et les supplications du continent jeune homme, elle lui fit ravir ce trésor mal scelé dont le sexe masculin a la clef; après le plaisir la réflexion arriva. Joséphine, loin d'avoir puisé l'oubli de son amour dans les bras du jeune homme, avait au contraire senti sa flamme s'allumer avec plus de violence, la pensée d'unir son être à celui de son jeune amant lui sourit; aussitôt elle forma le dessein de devenir son épouse malgré lui, et pour cela elle fit tant par le bruit, que le père qui reposait dans un appartement séparé par une faible cloison, se leva, et frappa à la chambre où le jeune couple étudiait l'art de perpétuer les êtres.... Grande rumeur, le père cric, le fils tremble, et Joséphine pleure... Elle accuse le jeune homme de séduction, menace de l'attaquer devant les tribunaux comme l'ayant enlevée.... Le père s'appaisa bientôt, et redoutant le scandale, cherche par des paroles à consoler la jeune affligée. Voyant à regret les goûts de son fils pour le séminaire, il n'était pas fâché qu'une escapade semblable lui fournît les moyens de lui refuser l'entrée de l'école ecclésiastique ; il jura à la jeune fille qu'elle serait sa belle fille, et que son fils réparerait ainsi l'outrage qu'il avait fait à son honneur. Le père tint parole, il unit le jeune couple ; mais tel est l'effet narcotique que produit l'hyménée, que dès le premier mot que le prêtre prononce pour l'union du jeune couple, l'amour de Joséphine s'évanouit, et la froideur succède à la passion. Sur ces entrefaites, un régiment arriva dans la petite ville de......., où le jeune couple passait des jours filés par la discorde. Un jeune officier dont les épaulettes étincelaient de feu, éblouit l'épouse de l'ex-séminariste. L'arrivée du régiment jeta pour quelque temps la bonne intelligence dans le ménage. Joséphine prodiguait à son époux toutes les caresses que l'amour peut désirer, et la seule récompense qu'elle demandait pour tant de biens, était que son mari l'accompagnât dans la plaine où chaque jour le régiment faisait l'exercice. Bientôt le bruit de la mousqueterie, l'attirail militaire, la richesse du costume séduisirent le complaisant mari. Joséphine, loin de réprimer son ardeur, l'excitait encore chaque jour : le soir, elle lui parlait de siéges et batailles; elle lui acheta même l'*Histoire romaine*, pour lui inculquer davantage l'héroïsme guerrier. Certain matin, la femme regarde son époux avec tendresse; elle lui témoigne combien elle a regret d'avoir épousé un homme dans la classe bourgeoise : Quel orgueil n'aurais-je pas si vous portiez un costume guerrier ? A ces mots, le mari ne se sent pas de joie, il ne doute pas que, s'il parvient au régiment, la tendresse de sa femme ne redevienne ce qu'elle a été la nuit où elle tenta l'escalade. Dès le point du jour, il vole à la caserne, signe son engagement, revient avec l'habit militaire ; bientôt après le tambour bat. Défense est faite à tout soldat marié ou non, de mener des femmes avec lui..... Désolation du malheureux soldat, qui, revêtu de la casaque par tendresse conjugale, vole au quartier, va trouver le colonel, le conjure de lever la consigne pour lui. Le colonel est touché de sa plainte, et pour soulager la peine de l'époux, il ordonne au soldat de lui amener sa femme; il obéit. Le colonel le console en lui disant que Joséphine restera désormais avec lui comme femme de charge; qu'il pourra suivre ainsi l'armée, mais qu'il faut que le mari s'abstienne de venir la voir. Le tendre époux enchanté bénit son colonel qui a la bonté de se charger de sa femme.... Et le colonel était l'officier que Joséphine avait remarqué avec tant de plaisir. Le tour de l'enrôlement, et la défense proclamée étaient une ruse pour enlever la jeune fille à l'ennui du ménage. En campagne, tous les biens sont communs entre frères d'armes; ce qu'on a devient le partage de chacun. L'égoïsme est un vice inconnu aux militaires; tous se partagent leurs bourses et quelques-uns leur maîtresse; une jolie femme à leurs yeux, est un objet qui doit être mis en circulation pour le bonheur de tous. Si le colonel se montrait partisan de cette maxime, Joséphine n'en était pas ennemie. Au milieu de la campagne, elle avait déjà subjugué et vaincu tout l'état-major du régiment; généreuse ennemie, elle rendait bientôt après la conquête, les esclaves qu'elle enchaînait à ses lois. Quand elle eut fait rendre les armes à tout le régiment, elle porta d'un autre côté ses regards conquérans. Galante par besoin, faible par sensibilité, elle fit un tel chemin dans la carrière du vice, qu'après deux campagnes, elle vint camper sous les galeries du Palais-Royal.

JULIE,

Galerie de Pierre, à la Comète.

Mon père était savetier,
Fort estimé dans son métier ;
Ma mère était blanchisseuse,
Moi déjà j'étais ravodeuse.

Ce vieux refrain peut servir d'épigraphe à l'article biographique de Julie, dite *la belle Brune*. Ses premières années se passèrent dans le calme de l'innocence et dans le travail. Julie était jolie, elle aimait à se l'entendre dire ; la flatterie l'a plongée dans le précipice ; elle crut que pour s'élever dans le monde, il ne fallait que l'éclat des attraits ; son état la fit rougir. A seize ans, elle l'abandonna ; à vingt ans, elle le regretta ; et a vingt-deux, elle pleura sous les galeries du Palais-Royal

---

JULIETTE, surnommée la BLONDE,

Rue de Valois.

Une chevelure d'un reflet argentin a fait donner à Juliette le surnom de la *Blonde*. Jolie, jeune, cachant sous le voile de la prostitution un cœur droit, un esprit cultivé, telle est cette jeune prêtresse, âgée de ving ans, et qui a compté parmi ses adorateurs des personnages de haut parage. L'orgueil de s'élever au-dessus de la classe où le ciel l'avait placée fut la cause de sa perte.

Exemple trop fréquent de nos jours. Puisse le sort de Juliette préserver une autre victime!

JULIETTE,

Rue des Colonnes, n. 16.

Juliette, fille d'un honnête artisan, ne sut pas assez combien il importait au bonheur de se garantir d'une première faute, elle se rendit coupable, et puisa dans la coupe du vice le goût du libertinage. A seize ans, elle donna un libre essor à ses désirs. Ses parens la réprimandèrent. Elle se repentit; mais le besoin de persévérer dans le vice la fit bientôt retomber dans le bourbier dont elle semblait vouloir sortir. Juliette, malgré cette dépravation qui lui fait considérer les déréglemens comme une loi naturelle, a cependant quelques qualités. Mère, elle connaît toute l'étendue que lui impose ce titre sacré. Elle fait élever dans un pensionnat une fille à qui elle cache sa naissance. Sachant elle-même s'apprécier, elle s'interdit la vue de cet enfant, craignant, par sa présence, de jeter dans son cœur les germes du vice qu'elle embrasse, mais qu'elle n'aime pas. Horrible pensée.... qu'une mère se dérobe aux regards de sa fille, comme indigne d'elle, et comme devant la souiller par ses caresses!

LAURENCE,

Galeries de pierre, n. 113.

Chacun a connu la belle limonadière du jardin d'Iris. Sa beauté et son extrême sévérité de mœurs ont alimenté long-temps la conversation des cercles de la capitale. La rigueur, dans une femme, ressemble à l'amour. C'est au moment où son empire paraît plus fort, qu'il est prêt à s'écrouler. La belle Laurence avait déjà, par ses cruautés et ses mépris, fait tourner un grand nombre de têtes parisiennes. Chaque jour des trésors et des promesses de fortune et d'amour lui étaient adressées par les céladons de la capitale. Rien ne pouvait fixer son cœur. La renommée apprit un jour que ce cœur invaincu n'était pas invincible, et l'on sut que sa défection était l'ouvrage d'un homme vieux, pauvre, contrefait et stupide. Un feu sympathique et prompt avait enflammé la jolie limonadière, et l'enlèvement avait suivi de près. La passion qui naît du caprice ne dure qu'un jour. Le lendemain, Laurence soupira, non de plaisir, mais de regret; elle pleura son comptoir et ses mille adorateurs. Rétrograder n'était plus en son pouvoir. La fierté, la honte et la crainte de l'opinion publique, la contraignirent à rester soumise aux chaînes qu'elle-même s'était forgées. L'amour et la pauvreté n'habitent pas long-temps ensemble; le ravisseur regretta son indépendance, et la séparation se fit de part et d'autre d'un commun accord. Laurence soupira vainement après son ancienne cour ; une rivale l'avait détrônée et avait succédé aux honneurs du comptoir. Moins jolie, mais plus prudente que celle qui l'avait précédée, le comptoir fut pour elle le degré qui l'éleva à la fortune. L'occasion, qui fait le bonheur ou le malheur, qui donne les trésors ou les ravit, ne fut pas favorable à Laurence. Dévorée d'ambition et d'orgueil, cette maladie se déclara chez elle dès qu'elle se vit éclipsée par une rivale. Elle offrit d'elle-même ce que personne ne demandait plus. Elle fixa quelques momens la roue de la fortune ; et quand elle ne put plus la tenir, elle vint augmenter la foule des prostituées.

LAURE,

Galeries de pierre, maison de la Comète.

Laure est d'une naissance distinguée. Privée dès ses plus jeunes années des tendres soins de sa mère qu'une mort prématurée avait enlevée à son amour, elle fut confiée au pouvoir d'une belle-mère. Bientôt la maison paternelle fut pour elle un lieu de souffrance. Entre les chagrins domestiques auxquels elle était en proie, et les rigueurs du cloître, le choix ne lui parut pas devoir être douteux ; elle consentit à s'exiler dans une de ces maisons d'éducation dont les règles sont aussi rigides que celles des anciens couvents. Bientôt, livrée au désespoir, ne voyant qu'un avenir affreux, elle tenta de s'arracher l'existence ; elle se frappa d'une arme tranchante ; sa main tremblante ne put lui porter un coup mortel, l'effroi lui fit jeter un cri. On accourut. On lui prodigua des secours. Mais à peine convalescente elle fut livrée à tous les supplices qu'on déguise sous le nom de *punition*. Aigrie par ses nouveaux chagrins, son âme se révolta ; elle n'eut pas le courage de résister, elle eut la faiblesse de se perdre. Fugitive, elle ne tarda pas à devenir criminelle. Elle fut séduite, puis abandonnée ; la misère porta les derniers coups à son honneur.

LÉONORE,

Rue de Vendôme, n. 1.

Léonore, à dix-sept ans, manifestait la plus grande antipathie pour le travail. Fille d'un riche cultivateur, elle courait la campagne sous le prétexte de visiter les champs et de surveiller les travaux de la ferme. Son père avait remarqué plusieurs fois quelle répugnance elle apportait à s'acquitter des soins du ménage. Ses remontrances, loin de rendre Léonore plus appliquée, contribuèrent au contraire à l'aigrir et à faire naître en elle un amour encore plus fort pour l'oisiveté. L'oisiveté, dit-on, est la mère de tous les vices. La jeune villageoise ne tarda pas à offrir un pénible exemple de cette vérité. Ses yeux caves et hagards, un tremblement convulsif qui se manifestait dans tous ses membres, un manque d'appétit auquel succédait un besoin immense de prendre de la nourriture, enfin la pâleur de son teint, furent des symptômes qui prouvèrent que le germe du vice était dans son cœur, et qui firent pressentir l'état d'abjection où bientôt elle fut réduite.

LÉONTINE,

Rue de l'Arbre-sec.

Léontine était jadis ouvrière en dentelle. L'ambition l'a conduite à la prostitution. Elle ne pouvait voir sans envie un cachemire parer les épaules de sa maîtresse ouvrière ; un witchoura la faisait tressaillir, le bruit d'un landau ou d'un tilbury lui causait des spasmes. Enfin elle succomba sous l'appât de l'or. Elle abandonna le comptoir et les fuseaux, et elle reçut, en échange de ses faveurs, les tributs de la coquetterie. Léontine ne tarda pas à perdre les qualités du cœur qu'elle avait conservées. Elle oublia bientôt les devoirs que lui prescrivait la reconnaissance. Son corps fut mis à l'enchère, ses faveurs vendues. Enfin elle arriva par degrés sous les galeries du Palais-Royal, où chaque soir elle regrette, en passant devant son ancienne demeure, l'heureux temps où elle vivait satisfaite de son humble travail.

LISE,

Rue Montabor, n° 18.

Lise a pris naissance dans un village des bords de la Seine : elle a deux beaux yeux, ses cheveux sont noirs comme l'ébène, sa taille est très-petite; le sourire qui s'échappe à chaque instant de ses lèvres, prouve qu'elle ne trouve que des roses dans la carrière du vice. Lise parut sous les galeries du Palais-Royal en habit de village; elle avait perdu l'innocence; mais elle conservait encore la pudeur; son langage grossier trahissait son origine. Lise eut de nombreux adorateurs. Trois mois après, la villageoise était devenue parisienne. Coquetterie, minauderies furent en elle, dès que son corps se couvrit des habits de la ville, et que ses épaules reçurent le cachemire. Lise, dans les momens de réflexion que lui laissait sa profession, étudia les lois du langage, et devint en peu de temps, une des syrènes les plus dangereuses de la capitale.

LISETTE.

Lisette est une jolie brune, ses cheveux noirs descendent en boucles ondoyantes sur ses épaules. C'est la coquetterie et l'ambition qui ont perdu Lisette. Lisette était femme de chambre d'une actrice ; Lisette était confidente des larcins amoureux de la prêtresse de Thalie ; souvent elle dérobait un jeune amant aux soupçons inquiets d'un maître absolu qui avait le droit de commander, parce qu'il échangeait son or contre des faveurs. Lisette observait le gracieux sourire avec lequel sa maîtresse accueillait les jeunes adorateurs ; elle avait la garde des séduisans tissus offerts en cadeaux. La cloison qui séparait le boudoir de madame de la salle d'entrée, était peu épaisse. Lisette entendait parfois des gémissemens entrecoupés qu'on s'efforçait de retenir, et alors l'actrice n'était pas seule, et ce ne pouvait pas être des soupirs de peine, puisqu'ils étaient précédés par des éclats de joie ; et Lisette soupira, et Lisette tenta le chemin de la fortune; et Lisette arriva dans le temple des prostituées.

―――

LOUISE,

Rue Saint-Honoré, n. 369.

Louise est jolie; elle a vingt ans, ses yeux sont vifs, son sourire gracieux. Quelles sont les causes qui l'ont conduite au vice? Quel chemin a-t-elle suivi pour y parvenir? C'est ce qu'on ne peut apprendre. Louise est un papillon; on ne peut la fixer un moment. Jamais prêtresse du plaisir n'a mieux desservi le temple de la folie. L'observateur cherche en vain à lui ravir quelque ques paroles qui puissent peindre son âme et les diverses passions qui l'ont agitée. Un éclat de rire est sa seule réponse. Elle saute, valse, chante et ne répond aux questions que par un refrain, dont je conclus que c'est une imprudente légèreté qui l'a poussée dans le précipice.

LUCILE,

Rue . . . .

L'opinion politique a donné aussi sa victime au palais des prostituées. Lucile, fille d'un propriétaire assez riche du Maine, passa ses premières années à des occupations qui devaient être étrangères à son sexe. Les journaux, les brochures en faisaient ses délices. Dans les chocs des partis, son cœur ne resta point neutre. Elle s'enrôla sous la bannière de l'un de ceux qui divisent l'Etat. Ne consultant que ses pensées, elle tomba en contradiction avec la croyance politique de sa famille. Delà des dissensions et des haines. Lucile s'éleva seule contre tous ; et champion femelle, discutait sur les droits des peuples comme un publiciste frénétique. Son caractère s'aigrit par la contrariété ; les liens de cœur qui l'attachaient aux siens furent rompus. Elle s'habitua à se conduire comme elle pensait, c'est-à-dire, d'après ses propres idées ; et de la politique passant à la morale, elle suivit la théorie du vice dans toutes ses parties. Quoique son cœur se soit corrompu, son esprit n'a point abandonné le parti qu'elle avait embrassé. L'opinion politique lui fait une obligation de refuser ses faveurs à quiconque est contraire à ses principes.

MINETTE,

Rue Saint-Honoré, n. 369.

Minette a parcouru tous les degrés qui conduisent à la prostitution. L'exaltation de son esprit, l'impétuosité de ses désirs, l'ont fait marcher à grands pas dans la carrière. Jeune encore, elle sentit où devait la conduire ce feu interne qui la consumait. Elle tenta des efforts surnaturels pour l'éteindre, ou du moins pour le concentrer. Les sens parlèrent plus haut que la raison. Minette les écouta; et donnant un libre cours à ses débordemens, elle s'achemina vers l'asile des prostituées, comme une sectatrice du fatalisme.

―――

MARIETTE,

Rue Rameau, n°.

Mariette a de la beauté, de l'esprit, un bon cœur; il ne lui manque que des mœurs pour être une personne accomplie. Le refus qu'elle avait fait de céder aux désirs d'un grand personnage, lui avait donné de la célébrité. On ne parlait dans Paris que de sa beauté, et surtout de sa vertu, qui n'avait reçu aucune atteinte. Une réputation aussi extraordinaire dans une ville et dans un siècle où une fille belle et pauvre, et cependant sage et vertueuse, passe pour un phénomène, attira chez Mariette beaucoup de curieux et de soupirans en tout genre. De ce nombre fut un jeune pharmacien. Désespérant de pouvoir vaincre la résistance de celle qu'il aimait, il eut recours à l'art d'Esculape, et ses bocaux lui fournirent des argumens que son cœur lui refusait. Au moyen d'un soporifique, il parvint au dernier des désirs. Mariette prit goût sans doute au sacrifice ; elle pardonna au téméraire, et se montra depuis tellement amante du plaisir, qu'elle accueillit l'hommage de tous les adorateurs.

MARCELLINE.

Yeux bleus, taille svelte et légère, des cheveux blonds qui couvrent un front élevé, des jolies dents, un bras arrondi, une peau qui a la blancheur de l'albâtre. Tel est le signalement de la jolie nymphe connue sous le nom de *Marcelline*. Si elle n'a point persévéré dans les principes qui lui ont été inculqués par ses parens,

> La faute en est aux Dieux qui la firent si folle.

Marcelline est d'une telle insouciance, d'une telle légèreté, que jamais elle n'a eu le loisir de réfléchir un moment. Etre passager sur la terre, elle pense que le temps employé à la réflexion, est un temps perdu. Elle est jolie ; sa beauté seule la conduisit dans le précipice où elle s'est perdue en riant. Quoique d'une caste proscrite par l'opinion, Marcelline a des qualités. Dissolue dans ses mœurs, elle est retenue dans la conversation, et décente dans sa parure. Jamais on ne l'entendra ; on ne verra rien en elle qui puisse alarmer l'oreille ou la vue la plus chaste. Son esprit est piquant. Sa mémoire est ornée d'anecdotes qu'elle raconte avec enjouement. En un mot, c'est une des prêtresses des plus séduisantes de la capitale.

MÉLANIE,

Rue des Colonnes.

Les malheurs dont la plupart des hommes abreuvent leur existence, les chagrins cuisans qui font de leur existence un temps de peine et de soucis, sont presque tous causés par ce sentiment de vanité poussée à l'extrême, qui nous porte à nous affranchir de la loi à laquelle la nature nous a soumis, celle d'obéir à la volonté paternelle, et d'écouter la voix de l'expérience comme un oracle infaillible. Si Mélanie eût écouté l'auteur de ses jours, elle se fût sévrée des regrets amers qui empoisonnent les momens de sa vie, qui devraient être les plus beaux. Mélanie, fille d'un magistrat, sentit de bonne heure une forte propension à l'ivresse des sens. Son père l'étudia et s'aperçut combien les passions étaient en jeu chez elle à l'âge où l'on commence à peine à sentir, et à se rendre compte de ses impressions. Le père redoutant les dangers auxquels la conformation de sa fille l'exposait, tenta de réprimer, autant qu'il était en lui, l'ardeur d'imagination qui la dominait. Il voulut l'éloigner de la société, et, sous le prétexte de lui faire étudier l'art des plantes, il la conduisit à la campagne. Mélanie, qu'un feu interne consumait, prit peu de plaisir au séjour des champs. Elle abandonna la science que son père lui faisait cultiver. Le père n'ayant plus aucun motif apparent pour retenir sa fille à la campagne, résolut de lui avouer la véritable cause de son éloignement de la ville. Il conjura Mélanie de se défier de ses sens, de fuir toutes les occasions qui pourraient les exciter. Mélanie sourit à son père, et lui assura que le devoir était un mobile assez puissant pour faire résister à tous les dangers de la séduction. Elle voulut même, par un mouvement d'orgueil, affronter le péril. Bals, concerts, réunions, furent fréquentés par elle. Au moment où elle s'applaudissait de sa victoire, sa défaite était assurée; le poison de l'amour circulait dans ses veines. Un jeune officier, alors en garnison dans la ville qu'habitait Mélanie, lui rendait les soins les plus assidus. Sous le voile de la galanterie, il cachait l'amour le plus violent. Jeune et doué des qualités physiques, qui séduisent davantage que les qualités morales, sa présence était toujours agréable. Son absence était remarquée et supportée avec peine. Le père de Mélanie reconnut bientôt le sentiment qui animait sa fille. Il lui fit pressentir plusieurs fois les suites funestes qu'une telle liaison, devenue plus forte par l'habitude, pourrait avoir un jour pour elle. Il la conjura de fuir de nouveau le monde et la vue du jeune officier. Mélanie résista ; elle tenta de repousser les terreurs de son père. Au fond de son cœur elle riait des craintes qui lui semblaient chimériques. Loin d'éviter la présence de celui qu'elle se plaisait à voir, elle chercha à renouveler et à faire naître les occasions d'être avec lui. Le cœur du jeune homme pouvait être sincère, ses intentions pures ; mais son esprit vif et facile à recevoir des impressions fortes, l'égara. Mélanie fut ravie à sa famille. Une seconde faute est une conséquence nécessaire d'une première. Après avoir rompu les liens qui l'engageaient à l'auteur de ses jours, Mélanie rompit bientôt ceux qui l'engageaient à son amant; elle fut infidèle ; elle fut égarée par les conseils perfides de ceux qu'elle fréquenta ; et bientôt s'élevant au-dessus des devoirs que la dissolution nomme *préjugés*, elle fut répudiée par la société, et scellée dans les rangs des prostituées.

MODESTE,

Galeries de Pierre, n° 113.

La reine de Cythère eut envié les traits de cette nymphe. Son port majestueux est celui de la Didon, sa tête est celle de l'Hébé antique, plus d'un peintre célèbre emprunte quelques traits de cette syrène pour représenter les personnages de la mythologie, et de l'histoire, et l'observateur s'étonne de voir un être semblable sous les portiques du Palais-Royal. Plus d'un adorateur a tenté vainement d'arracher cette prêtresse du plaisir, aux chaînes honteuses qui la retiennent ; nul n'a pu parvenir. L'habitude du vice a gravé dans son esprit le besoin d'y persévérer. Modeste est souveraine dans le Palais. Elle commande en sultane, se réservant le droit d'adopter ou d'écarter de ses autels ceux qui sollicitent l'admission, elle est par cela même à l'abri des humiliations qu'éprouvent ses compagnes. Elle n'a contre son bonheur que le cri de sa conscience ; une fois élevée au-dessus, rien ne doit troubler sa tranquillité. A l'instar des reines de nos théâtres, Modeste a la manie des voyages. Chaque année elle se dirige vers les bords de la Mayenne où elle a reçu le jour, elle revient chargée d'or après quelques semaines de séjour. Les évènemens qui conduisirent Modeste dans le séjour de la prostitution, sont peu dignes de remarque. Elle semblait appelée à cette profession, et elle s'est laissée aller librement au but où le destin la faisait tendre.

NANETTE,

Rue des Bons-Enfans, n° 5.

Jeune, jolie, petite bouche, petit pied, petite taille, œil de feu, cheveux noirs, peau blanche, bras potelé, alliant à l'esprit l'instruction, l'amabilité à la décence : telle est Nanette qui devait briller dans le monde, si de nombreux écarts ne l'eussent entièrement brouillée avec la société.

OLYMPE,

Galeries de Pierre, n° 113.

Olympe, est une des nymphes qui n'ont pas la consolation de penser que leur perte est l'ouvrage d'un autre. Le goût pour le libertinage se manifesta chez elle dès ses premiers ans : ouvrière lingère, elle fut bannie de la maison paternelle après plusieurs fautes d'amour ; tour-à-tour femme de chambre, limonadière, elle se montra toujours ennemie de la retenue et des mœurs ; enfin elle se refugia dans l'asile du vice.

PAULINE,

Cul-de-sac de la Brasserie n° 2.

Pauline est une des plus jolies nymphes qui aient choisi leur temple sous les galeries de bois du palais Royal. On lui adressa jadis cet acrostiche :

P iquant, malin souris, et bouche mi-close;
A doux souris oignant regard fripon,
U nissant sein de lis au doux teint de la rose,
L e pied furtif, le bras mignon,
I rritant le désir qui près d'elle lutine,
N 'écoutant que l'amour et jamais la raison.
E n deux mots j'ai tracé le portrait de Pauline.

Pauline a bu à longs traits dans la coupe de la volupté; dès qu'elle connut le plaisir elle s'en déclara prêtresse, et change à chaque jour d'idole sans jamais changer de divinité. A la dissolution de mœurs, Pauline joint les qualités du cœur ; elle porte l'amitié jusqu'au fanatisme ; on cite d'elle plusieurs traits qui étonnent et qui changent en pitié, le sentiment d'horreur qu'inspire une prostituée. Pauline a de beaux yeux, une taille peu élevée ; sa mise élégante n'exclut pas la décence. Sa conversation est enjouée et de bon ton, et sa société aurait des charmes, si l'on pouvait oublier sa profession.

ROSALIE,

Galeries de Pierre, Maison de la Comète.

Fille d'un notaire, Rosalie fut enlevée de la maison paternelle par un clerc de l'étude de son père. Le couple s'éloigna et fut heureux tant que durèrent ses ressources; l'argent épuisé, l'amour diminua. Tous deux regrettèrent leur ancien état et les plaintes commencèrent de part et d'autres. Rosalie affligée fut consolée par un ami de son ravisseur, qui lui proposa un second enlèvement qu'elle accepta. Son amant de son côté fut lier sa destinée avec celle d'une riche douairière. Rosalie demeura avec son nouvel adorateur jusqu'au moment où subjuguée par un nouveau, elle l'abandonna pour un troisieme ravisseur; enfin de rapt en rapt, Rosalie tomba dans le dernier degré de la prostitution.

ROSE,

Rue Montpensier, n. 4.

Rose avait abandonné sa famille dès l'âge le plus tendre. Tombée dans l'asile de la prostitution par degrés, elle avait oublié les siens. Rose, à seize ans, avait été mère. Une parente avait accueilli son enfant, que repoussait le père de Rose, comme fils de la séduction, et fruit d'une union que n'avait pas légitimée son consentement. Rose, sous les galeries du Palais Royal, est accostée par un jeune officier. Rose n'est pas cruelle; la sagesse est pour elle un poison. Un rendez-vous est donné, accepté, une nuit succède. A la cour des nymphes on est amant avant de se connaître;

mais il arrive quelquefois que ces dames demandent, comme marque de bienveillance, le nom et le lieu de la naissance de l'amant favorisé. Rose suit cette méthode. Elle tient note de ceux auxquels elle prodigue ses faveurs. Elle désira connaître particulièrement son nouvel adorateur; et quand il eut prononcé son nom et désigné le lieu de sa naissance, la jolie nymphe fut convaincue qu'elle était incestueuse, et que le jeune officier était son propre fils. Depuis cette terrible aventure, une teinte mélancolique est répandue sur les traits de Rose; elle tressaille à la moindre voix de tout être inconnu; son regard semble lui demander quelle est son origine. Une pâleur, qui donne à sa physionomie une teinte romantique, une grande douceur dans le regard et dans l'organe, un abord gracieux, sont les principaux traits qui caractérisent cette nymphe.

ROSINE, dite LA GRANDE;

Rue Traversière-Saint-Honoré.

Rosine est une de ces nymphes à qui le besoin du vice se fait sentir et commande en despote. Retirée du gouffre où l'a précipitée l'oubli des devoirs, elle s'y est replongée d'elle-même, et a fui la main protectrice qu'on lui tendait sur les bords de l'abîme : elle arbore l'étendard du libertinage. les offres les plus séduisantes, les lambris dorés d'un hôtel, le luxe d'un char, les faveurs d'un homme riche et puissant, rien ne peut la fixer un moment : elle cède aux instances quand la voix des besoins se fait entendre, et rompt bientôt les chaînes de rose qu'elle s'est imposées, afin de reprendre ses habitudes honteuses.

ROSINE, dite LE CAPRICE,
Rue Basse-du-Rempart, n. 4.

Cette nymphe, entraînée par une longue série d'événemens hors du devoir, expie par les regrets une première faute. Une extrême sensibilité caractérise cette jeune syrène. Timide, elle a le sceau de la honte et du désespoir empreint sur la physionomie; plusieurs fois elle a tenté de mettre fin à sa honte en se suicidant; mais la crainte d'un avenir plus affreux que le présent a retenu son bras.....

ROSINE, dite LA RELIGIEUSE.

Le sobriquet ou plutôt l'épithète donnée à cette nymphe, peut fournir au moraliste de profondes réflexions. Rosine allie les sentimens les plus élevés aux goûts les plus honteux; elle unit la retenue à la licence, et l'observation des devoirs religieux à l'oubli des vertus sociales. Rosine, dans le temple des prostituées, n'entend jamais l'*Angelus* sans élever son âme vers l'Etre puissant, et réciter les prières d'usage. Elle quitte un rendez-vous amoureux pour voler aux offices, et les boudoirs pour les églises. Rosine, parmi ses compagnes, prêche la religion et les dogmes de notre croyance. Le vice n'a pu détruire en elle ces germes d'une première éducation chrétienne. Ce n'est point le libertinage qui a conduit Rosine dans l'asile des prostituées. Jeune, elle conçut une passion malheureuse pour un être qui la paya d'ingratitude, et qui poussa l'infamie jusqu'à prostituer son amante, et la livrer à ses amis pendant une nuit où l'obscurité ne permettait pas à la jeune fille de distinguer les traits de ceux à qui elle accordait ses faveurs, croyant ne céder qu'à son amant. L'auteur d'un semblable trait, loin de le cacher, le publia hautement. Chacun connut, dans la petite ville de S...C.., l'aventure de la jeune Rosine. Le mépris fut la punition de son indigne amant; mais le ridicule lança ses traits sur l'infortunée. La crainte des quolibets fit une telle impression sur l'âme de la jeune fille, qu'elle quitta sans réflexion le lieu de sa naissance. Elle erra quelque temps vertueuse, soutenue par quelques ressources ; enfin, succombant sous les coups du malheur, elle vint se réfugier dans une maison de prostituées, où elle expie le crime d'un vil séducteur.

ROSINE, dite LA BLONDE.

Rosine a dix-neuf ans ; son œil est vif ; ses cheveux blonds descendent en ondes d'argent sur son cou d'albâtre ; sa taille svelte et bien prise, son sourire gracieux, en font une des plus jolies nymphes de la capitale. Un riche libertin, qui avait déjà abusé de sa fortune, de son crédit et d'autres moyens encore plus vils pour séduire de jeunes personnes, vint fixer sa demeure dans la ville où demeurait Rosine. Il s'y fit remarquer par la richesse de ses habits, par des aumônes abondantes qu'il variait suivant l'âge et la beauté des quêteuses; mais ne formant aucune société, retiré dans une maison presque hors de la ville, on ne le voyait qu'à l'église. De là, de cet endroit qui ne devait inspirer que l'amour de la vertu, il épiait les filles qu'il voulait faire servir à sa lubricité. Parmi toutes celles qui habitaient cet endroit, était Rosine. Elle était ouvrière en linge. Le jeune homme crut que c'était une occasion favorable à ses vues. Il fit venir la mère, lui dit qu'il avait beaucoup d'ouvrage à faire, et qu'il désirait que sa fille vînt en journée chez lui, attendu que son linge exigeait beaucoup d'attention. Le père et la mère de la jeune fille étaient dans l'indigence : c'était un moyen de leur procurer quelques secours. L'étranger passait pour être généreux. D'ailleurs sa réputation, jusqu'à ce moment, était intacte. La jeune Rosine fut donc envoyée chez lui, sans qu'on soupçonnât même le plus petit danger pour son honneur.

Déjà deux journées s'étaient écoulées avec la plus parfaite tranquillité; mais à la troisième, l'étranger se présenta, fit l'éloge de l'adresse de la jeune personne, de ses grâces, de sa beauté, et bientôt il fut entreprenant. Comme il trouva une résistance à laquelle il ne s'attendait pas, il voulut employer la violence. La jeune fille se défendit vigoureusement et s'échappa. Un autre que ce vil séducteur, dégoûté d'une entreprise qui avait eu aussi peu de succès, et qui pouvait faire éclat, y aurait renoncé; mais accoutumé depuis long-temps à ne pas se rebuter, et à employer toutes sortes de moyens, l'étranger ne perdit point l'espérance. Un de ses domestiques est envoyé à la suite de la jeune fille. L'ayant rencontrée, il lui persuade que son maître, désolé de ce qui s'est passé, va partir pour Paris, afin de la délivrer de toute crainte; il l'engage, à force de promesses, à ne point parler de son aventure, et à venir continuer son ouvrage. Elle cède. En entrant dans la maison, elle n'aperçoit plus la voiture de l'étranger. Le domestique certifie qu'il est parti. Elle le croit, et se met à l'ouvrage. Bientôt elle voit entrer son infâme séducteur. Seule avec lui, sans espérance de secours, elle employa toutes ses forces pour sauver son honneur. Sa résistance fut inutile; l'étranger poussa la violence au comble, et triompha enfin des efforts d'un enfant de quinze ans, qui n'avait que cette ressource contre la brutalité de son ennemi.

Après cette honteuse victoire, l'étranger caresse sa victime; il cherche à l'apaiser, et parvient à séduire le cœur innocent de cette jeune fille. Dès ce moment, asservie aux volontés du malheureux qui avait abusé de sa simplicité, elle ne fut occupée qu'à répondre à ses désirs, à ses empressemens. Ses parens, avertis d'une liaison dont le public murmurait, lui défendirent d'aller chez l'étranger. Cette défense acheva de la perdre : le plaisir avait séduit les sens; les sens avaient séduit le cœur; le ravisseur s'étant emparé de ce cœur sans expérience, et cette malheureuse victime de la séduction n'ayant plus assez de vertu pour résister au penchant qui l'entraînait vers son séducteur, se soumit à tout ce qu'il exigea d'elle. Elle part pour la ville voisine, dans l'intention d'y attendre son amant. Son père en fut instruit; il va la chercher, et la ramène. Peu de jours après, le domestique de l'étranger parvient encore à l'emmener. Des gens du pays, envoyés par le père, la trouvent en route et la font revenir. Tant de démarches inutiles ne rebutèrent point le séducteur. Certain que la jeune Rosine ira un jour à la promenade avec ses compagnes, il la suit. Son cabriolet se trouve dans un endroit voisin. L'étranger parle à sa maîtresse, la sépare insensiblement de celles qui l'accompagnent; il lui fait toutes les protestations imaginables; il lui rappelle le serment qu'elle a fait d'être toujours à lui. Rosine obéit, le suit dans la voiture, et arrive à Paris avec son ravisseur, qui l'abandonne bientôt, et la laisse, en proie aux remords, vivre du prix de la prostitution.

SOPHIE, dite LA BOITEUSE.

Encore une victime de la sévérité paternelle. Sophie, à vingt ans, fut séduite. Aimante, elle crut à la bonne foi d'un employé. Elle devint mère. Dès que les premiers symptômes de grossesse se déclarèrent, son père la menaça de toute sa vengeance, et ne la suspendit qu'à la condition que Sophie étoufferait dans son sein le germe qui s'y développait. Sophie recula d'horreur. Elle avait commis une faute, elle ne devait pas tenter un crime. Le père fut inexorable. L'enfant de Sophie vit le jour. Elle déroba quelque temps le fruit de son amour à la connaissance de son père. La nouvelle s'en répandit. Le père, outré, mu par une colère irréfléchie, ne calculant pas que son action le rendait plus criminel que sa fille, se présente à ses yeux, lui arrache son fils qu'elle allaitait. Sophie est mère ; tous les titres s'évanouissent devant celui-là. Elle s'élance vers l'auteur de ses jours, lui ravit le dépôt précieux, le presse sur son cœur, s'élance vers une croisée, franchit, tombe de la hauteur d'un premier étage, se fracture la jambe, et fuit dans la campagne, oubliant sa douleur et remerciant le ciel de lui avoir conservé son enfant. Il ne restait plus à Sophie que l'honneur ; elle le sacrifia encore à l'innocente créature qu'elle avait. Aux premiers besoins de l'enfant, Sophie lui présenta le pain de la prostitution.

SOPHIE, surnommée LA NOIRE.

La nymphe surnommée *la Noire*, n'a point reçu ce sobriquet de la couleur de sa peau, mais de celle de son vêtement. Robe noire, schal noir, chapeau noir ; en un mot, toute la parure d'une nuance sombre, distinguent Sophie. On croirait que la coquetterie et le caprice ont décidé le choix de cette manière de se vêtir. Sophie a la peau d'une blancheur éclatante. Le contraste est frappant et gracieux. Quoi qu'il en soit, cette couleur qu'adopta Sophie, est un deuil qu'elle s'est imposée. Sophie, tombée dans ce degré du vice, fut aimée ardemment par un jeune homme. La sympathie les attira mutuellement l'un vers l'autre. La connaissance avait été faite dans un cercle où Sophie était admise sans être connue, et accueillie comme une jeune veuve, momentanément à Paris pour affaires d'intérêt. Le jeune homme, avocat de profession, s'offrit d'aider de son conseil et de son pouvoir la jolie veuve. Celle-ci éluda, objectant qu'un autre avocat était chargé de veiller à ses intérêts. Ce refus ne fit qu'accroître le désir du jeune homme. Il demanda la permission de rendre visite à la voyageuse. On lui accorda sa demande. Le résultat fut une passion violente. Sophie promit de ne se point trahir, et de faire durer par l'illusion le plaisir qu'elle goûtait près de son jeune amant. L'amour de l'avocat s'accrut de jour en jour. Les preuves d'amour accordées aux amans, ne suffirent pas à son cœur. Il parla d'hymen. Riche et maître de sa fortune, il offrit sa main à Sophie. Sophie refusa long-temps, sans motiver sa résolution. Enfin, voyant que la passion du jeune homme pouvait avoir les suites les plus funestes, elle lui découvrit la profession honteuse qu'elle exerçait. Le jeune homme resta stupéfait. Enfin sa passion étant plus forte que la raison, il déclara persister dans sa résolution, et s'élever au-dessus de l'opinion des hommes. Sophie employa toute l'éloquence du cœur pour l'éclairer; et ne pouvant lui faire changer de résolution, elle se bannit de sa présence, et se retira quelque temps dans une maison de prostitution de province. L'absence et le temps guérirent l'esprit du jeune homme. Sophie revint et montra sous les galeries du Palais-Royal un exemple rare de délicatesse et de probité.

SYLVIE.

Palais-Royal, n° 113.

La trop grande sévérité cause autant de maux que l'impunité. Sylvie en offre un exemple. Élevée sous le toit paternel, ses premières émotions furent pour l'amour. Son cœur tendre et facile à recevoir de douces impressions, l'égara. Un ami de son enfance, avec lequel elle avait partagé les premiers jeux de son adolescence, dont le tendre souvenir laisse des traces si agréables dans l'esprit. Ils avaient grandi ensemble : l'habitude de l'amitié devint de l'amour. Ils s'aimèrent avant de pouvoir raisonner ce sentiment. Sylvie ne connut l'extrême danger où elle s'exposait, que lorsqu'il ne fut plus temps de l'éviter. Les symptômes de grossesse se manifestèrent bientôt. Le père de Sylvie, huissier, peu habitué à être attendri par les larmes, devint le bourreau de sa fille. Innocente, quoique coupable, Sylvie implora le pardon de sa faute. Son père la chassa du toit paternel, et après avoir donné les premiers soins que l'homme le plus féroce ne peut refuser à l'être souffrant, il l'envoya à Paris, en qualité de servante. Sans protection, Sylvie se réfugia dans l'asile du vice.

THÉRÈSE,

Rue Saint-Honoré, n° 280.

Thérèse passa trois fois sous les lois de l'hymen avant de subir le joug de l'infamie. Ce ne fut pas la séduction qui la plongea dans l'abîme. Une apathie, que rien ne put vaincre, lui fit choisir un état honteux à une profession où le travail était indispensable. La démarche de Thérèse, son geste, son regard, tout respire l'insouciance ; et cet état de stupeur l'a fait surnommer *la lente*. Ses traits sont réguliers, sa taille noble. Thérèse est une jolie statue.

VICTOIRE,

Galerie de pierre, n° 113.

Jamais nymphe ne causa tant de bruit par son apparition que Victoire. Chacun voulut connaître son esprit, sa grâce. Victoire avait pris naissance sous les lambris de l'opulence. Élevée dans une des premières maisons d'éducation de la capitale, elle avait lu un ouvrage romantique qui faisait alors le sujet de toutes les conversations parisiennes. Son âme, novice encore, avait dévoré les peintures lascives et les sentimens de l'amour le plus tendre. Elle devint victime de l'exaltation de son esprit. Les larmes que lui firent répandre les héros de ce livre gravèrent dans son cœur un sentiment d'admiration pour l'auteur de cette production. Elle crut voir l'image de son âme réfléchie dans ses tableaux. Elle éprouva un tendre sentiment pour un homme qu'elle n'avait jamais vu ; et son enthousiasme fut tel, qu'elle déserta sa pension, abandonna ses compagnes pour courir après cet être nécessaire à son bonheur. Une correspondance fut commencée ; l'homme de lettres accepta une liaison qui flattait à-la-fois ses sens et son amour-propre ; il reçut dans ses bras la jeune Victorine, qui s'offrait en victime soumise : elle fut bientôt détrompée ; elle ne trouva que perversité dans le cœur qui sut peindre la vertu sous de si belles couleurs ; égoïsme dans celui qui avait chanté l'amitié ; ingratitude dans le peintre de la reconnaissance. Sa douleur fut si amère, sa honte si grande, qu'elle se jeta dans une maison de débauche, dans laquelle elle avait été quelquefois conduite par son indigne amant.

VICTORINE,

Rue Neuve-des-Petits-Champs, N° 50.

Quelle est cette jolie nymphe? Sa ta taille est noble; sa chevelure flottante, son regard gracieux; son souris malin... C'est Victorine la plus jolie nymphe du Palais-Royal. Elle est brillante de volupté: l'œil a peine à la suivre; elle fuit... Victorine est donc sévère? Nullement; mais l'approche d'un vieillard la glace d'effroi; elle aime les jeunes desservans du plaisir; et quand elle n'est pas sollicitée par eux, elle devient solliciteuse. Le vil intérêt n'est point le mobile de son choix. Le premier sacrifice qu'offre chaque soir Victorine exige un salaire. Victorine est pauvre; elle reçoit le nécessaire, jamais le superflu. Jamais le son de l'or ne frappa les oreilles du sacrificateur. Victorine était jadis danseuse dans un théâtre. L'insubordination qu'elle manifesta la fit exiler du temple des Arts. Resserrée dans les bornes étroites d'un somptueux hôtel, Victorine éprouva un vide pénible. Le nombre d'adorateurs qu'elle rencontrait dans un cercle était trop restreint pour elle; elle avait besoin d'une plus vaste sphère de galanterie. Elle adopta le Palais-Royal pour son asile, se réservant encore de changer de domicile s'il en existait un qui fût plus vaste.

———

VIRGINIE,

Rue des Colonnes, n. 5.

Cette jolie nymphe était jadis blanchisseuse. Un jeune blondin, étudiant en médecine, gagna la confiance de la jeune fille, qui ne prit conseil que du séduisant élève d'Esculape, et tenta la fatale épreuve. Elle devint mère; et en déposant le fruit de son amour entre les mains de son accoucheur, elle le remit entre celles de son père. Le jeune amant ne tarda pas à se repentir de sa folie. Il se trouvait dans la cruelle alternative d'abandonner, par sa pauvreté, son état ou son fils. L'argent du bureau d'inscription médicale passait tous les mois au bureau des nourrices, et le profit de quelques palettes de sang que le jeune homme tirait en contrebande, fournissait à la nourriture de son enfant. Virginie aurait désiré que son amant ne l'abandonnât pas à ses ressources. Elle était devenue coquette. Le simple tablier et le fichu en Fanchon la faisaient rougir. Elle demandait au moins le chapeau de castor et la robe de mérinos.. Sa demande fut refusée par l'impossibilité où était le jeune séducteur. Bref, Virginie accepta de mains étrangères ce que celles de l'amour ne pouvaient lui donner; et de fichus en chapeau, elle s'achemina dans l'asile du vice.

VIRGINIE, dite LA PETITE.

Virginie, surnommée la *petite*, est celle qui terminera cette galerie. Filles des hameaux, et vous, qui dans le sein des villes, êtes nées dans une condition peu élevée, rappelez-vous son nom; que son exemple serve à votre bien, que son infamie sauve votre vertu! Ne concevez jamais de honte de l'état où vous avez été placées. L'honneur, la probité sont la véritable grandeur; ne soupirez jamais après un état plus élevé.

Virginie était fiancée à un artisan de son village; le jour des noces était fixé, elle allait bientôt recevoir et donner le serment d'usage, quand le jeune B...., fils d'un riche propriétaire du pays, parut un jour à la danse du hameau. Séduit par la grâce de Virginie, il lui adressa quelques mots galans et dansa plusieurs fois avec elle. Virginie éprouva un sentiment d'orgueil ; bientôt l'amour succéda. Le jeune B..., en assurant Virginie de son amour, rompit d'un mot la résolution qu'elle avait formée de s'unir avec un artisan. Elle fut assez crédule pour croire à la bonne foi du jeune séducteur. Il l'enleva, puis l'abandonna... Virginie fut une nouvelle victime de la séduction par orgueil. Puisse son sort frapper l'imagination et préserver ses semblables d'une pareille destinée!

ZÉNOBIE.

C'est à B***, village de Provence situé dans les Basses-Alpes, à trois lieues de Digne, que vivait Zénobie. L'histoire de cette nymphe doit être d'un grand et terrible exemple pour les femmes dont l'âme portée à la tendresse reçoit facilement les impressions de l'amour. Zénobie était fille d'un propriétaire enrichi par le commerce, et retiré avec son père dans une habitation agréable : elle semblait oublier les plaisirs du monde, et prendre goût au repos de la solitude. Quand elle comparait le présent au passé, elle regrettait, comme perdu pour le bonheur, le temps qu'elle avait passé loin des lieux qu'elle habitait.

L'âme pure de Zénobie éprouvait les douces sensations qu'excite le riche tableau de la nature aux diverses saisons ; elle parcourait les bois et les prés, observait les scènes multipliées qui se succèdent dans les champs : la culture des fleurs était devenue l'occupation de Zénobie. Elle passa quelques mois dans ce doux passe-temps ; mais Zénobie grandissait : sa dix-septième année avait sonné. La jeune fille s'étudia, consulta son cœur, et fut étonnée de ne plus se trouver la même qu'elle était auparavant. La campagne, tant que durait le jour, lui semblait agréable : elle se croyait heureuse ; mais dès que les feux du jour commençaient à s'éteindre ; dès que le soleil plongeait ses rayons dans le fleuve qui bordait la propriété qu'elle habitait ; dès que les derniers chants des oiseaux semblaient saluer les derniers feux du soleil ; dès que le rossignol préludait à ses chants mélancoliques, une langueur profonde se répandait sur Zénobie ; elle soupirait, des pleurs venaient inonder ses yeux, une tristesse profonde se répandait sur tous ses traits : elle demeurait dans cet état jusqu'à ce que la voix de son père vînt la troubler et la tirer de son assoupissement moral. Un roman tomba entre les mains de Zénobie, il renfermait de tendres sentimens; il était la peinture des passions les plus violentes. Ces sortes de lectures que Zénobie aurait dédaignées auparavant, lui parurent alors agréables. Elle dévora le livre avec avidité ; elle sentit même un besoin ardent de le lire au moment où son âme éprouvait une tendre langueur. Le soir, elle lisait, elle versait des larmes ; elle partageait toutes les peines, toutes les souffrances du héros de l'ouvrage. Mille chimères, mille songes bizarres vinrent assiéger sa raison : elle s'identifiait avec les personnages ; quelquefois, après la lecture de quelques feuillets ; elle s'arrêtait et répandait un torrent de larmes. Son âme éprouvait un besoin de compatir aux peines des autres ; elle sentait même le désir de souffrir elle-même.... Elle ne tarda pas à aimer, et son amour fut un délire.

Son père, apercevant le changement de sa fille, et voyant en elle l'effet des passions, résolut de la marier. Un jeune avocat fut l'époux que le père offrit, et que la fille accepta. Le caractère du jeune époux était bien différent de celui de Zénobie. Son cœur était peu ardent; son esprit flegmatique lui faisait raisonner l'amour. Zénobie qui ne voyait dans l'hymen que l'amour et tous ses prestiges, fut cruellement désabusée; elle exigeait une tendresse fanatique et un attachement frénétique : l'amour tempéré de son époux lui sembla de l'indifférence. Le démon de la jalousie s'empara d'elle. Elle connut cette terrible passion avec toutes ses souffrances; elle devint pour son époux une furie attachée à ses pas. Partout où ses occupations le mandaient, elle devançait ses pas; dans les entretiens que nécessite sa profession, elle le troublait, entrait échevelée dans son cabinet, ou furieuse se précipitait à l'audience, et, malgré la majesté du lieu et des personnages, elle les troublait par ses plaintes et ses accusations contre son époux. En vain son époux tenta-t-il de la rassurer, en lui protestant de son amour et de son attachement; rien ne put la faire revenir de la funeste prévention qu'elle avait conçue contre lui. Enfin irrité des scènes affligeantes qu'elle ne cessait d'exciter, l'époux, désespérant de pouvoir guérir Zénobie, lui déclara l'intention où il était de se séparer d'elle. De la menace qui ne put rien, il passa à l'effet. Zénobie devint une lionne. Dans ses accès de démence, elle tenta plusieurs fois d'arracher l'existence à ses enfans. Menacé chaque jour par sa coupable épouse, flétri sous le poids de la honte de celle qu'il avait répudiée, l'époux sollicita de l'Autorité la translation de son épouse dans une maison de détention. Une fièvre brûlante s'empara de cette infortunée ; un délire continuel, une démence que rien ne put d'abord guérir, la mirent en quelques jours aux portes du tombeau. Le temps et les soins parvinrent enfin à lui rendre la santé et la liberté. La fureur qui la possédait était un peu éteinte ; elle était concentrée; elle ne tarda pas à se reproduire. Zénobie était rentrée chez son époux ; malgré ses torts, elle avait obtenu son pardon. Les soupçons que Zénobie avait conçus jadis sur l'indifférence de son mari se renouvelèrent. Jusqu'ici elle n'avait été que coupable; elle va devenir criminelle. Elle crut que le moyen de recouvrer l'amour de son mari était de le soumettre lui-même aux souffrances de la jalousie : à cet effet, loin de se montrer sourde aux sollicitations de ses nombreux adorateurs, elle parut à leurs yeux plus facile que jadis ; elle laissa même, comme par mégarde, quelques déclarations sous les yeux de son époux. Ne soupçonnant point le cœur de son épouse, l'avocat resta muet et sourd. Zénobie se laissa entraîner plus loin qu'elle ne le pensait. Sans doute, elle ne tarda pas à s'abandonner à l'infidélité, et avec un tel excès que l'époux ne put bientôt plus douter de l'inconduite de son épouse et de son déshonneur. Sévère autant qu'il avait été clément ; il bannit de ses yeux sa coupable épouse. Celle-ci devenue l'objet du mépris de tous, même de ceux aux perfides conseils desquels elle avait cédé, tomba dans une sombre tristesse, mal de celui qui est flétri par l'opinion, et qui n'ayant pas perdu tout sentiment d'amour-propre, je ne dirai pas d'honneur, sent qu'il a mérité sa peine. Habituée aux passions, son cœur, ne pouvant demeurer calme, s'abandonna bientôt aux derniers degrés d'abjection. C'est parmi les courtisanes d'un rang élevé, que Zénobie chercha de nouveaux tourmens. Bientôt elle tomba dans la fange du vice ; elle erre maintenant, à la trentième année de son âge, avec la physionomie la plus affreuse que le vice puisse porter.... Ses yeux sont caves et secs, ses joues livides : son corps est décharné ; une contraction hideuse agite ses lèvres; sa démarche est celle d'un être qui s'éteint et qui brave du dernier regard tout ce qu'il y a de sacré.

———

ZOÉ B....

Je place ici le nom de Zoë B...., quoiqu'il ne doive plus se trouver sur la liste des courtisanes de la capitale. Puisse cette feuille tomber entre les mains de quelqu'infortunée égarée par ses passions ! puisse l'exemple de Zoë la toucher et la faire revenir dans le droit chemin ! Elle aura imité sa faute, qu'elle imite son repentir. C'est le seul motif qui m'engage à produire cet article, qui ne peut d'ailleurs nuire à celle qui en est le héros, car elle vient de terminer sa carrière, après avoir expié, par dix ans de vertus et une mort chrétienne, le déréglement d'une jeunesse coupable.

Zoë B.... naquit en Picardie : elle avait perdu, dès son bas-âge, les auteurs de ses jours. Livrée aux soins d'un tuteur ; elle fut victime de la confiance que son père avait eue en cet homme. En lui confiant sa fille, le père mourant avait cru la donner à un protecteur, il l'avait livrée à un vil suborneur. Zoë reçut une éducation brillante. Placée dans une pension, elle devint instruite ; douée d'un esprit subtil, son jugement se déploya avec rapidité. A seize ans, Zoë était déjà digne du monde, c'est-à-dire qu'elle avait toutes les qualités que donne une brillante éducation : elle dansait à merveille ; aucun instrument ne lui était étranger ; la peinture était un de ses talens; rien n'avait été négligé pour en faire un prodige. Le tuteur avait surtout recommandé qu'on laissât à sa disposition tous les romans qu'elle paraîtrait désirer dans un catalogue nombreux mis sous ses yeux. La corruption germait ainsi dans son cœur, et servait les vues coupables du tuteur. Quand il crut l'âme de sa pupille assez portée vers la tendresse; quand il pensa qu'elle avait acquis une forte dose de sensibilité, il la retira près de lui, et dès son entrée à sa maison, il eut pour elle tous les égards, toutes les manières d'agir qu'on ne doit espérer que de ceux qui sont liés à nous par un sentiment plus fort que l'amitié. En un mot, la jeune élève ne tarda pas à s'apercevoir que son tuteur voulait la séduire. Dès ce jour, elle le prit en horreur. Son esprit avait pu se façonner par des lectures ; il avait pu s'habituer aux tableaux galans ; il pouvait même s'y complaire, mais ce qui était plus fort que l'éducation, ce qu'aucun autre sentiment ne pouvait surmonter, c'était la haine et le mépris que lui inspirait son tuteur. Zoë ne le cacha point, et le tuteur à la honte d'avoir perverti le cœur de sa pupille, joignit le chagrin de voir ses projets dérangés et ses désirs évanouis. Un autre recueillit le fruit de sa perversité. Tourmentée par la vengeance d'un homme qui appesantissait sur elle le poids d'une cruelle autorité, Zoë soupirait après le moment où devenue libre par le pouvoir des lois, les règles de sa conduite auraient pour base sa seule volonté et ses caprices. Ce temps arriva : mais, comme le tuteur, depuis la sortie de pension de la jeune fille, avait écarté d'elle tout le monde sous divers prétextes, cet isolement que la jalousie seule motivait, semblait devoir condamner Zoë à l'oubli. Mais la séduction, habile à franchir les obstacles, vint bientôt arracher Zoë aux bras de son indigne tuteur, pour la jeter dans ceux d'un autre moins coupable, mais aussi dépravé. M. C...., âgé de vingt-neuf ans, joignant à un extérieur agréable un esprit cultivé, parvint à s'introduire dans la maison du tuteur. Zoë ne tarda pas à sentir naître en son cœur un penchant pour lui. Au premier mot d'amour qui sortit de la bouche du jeune homme, Zoë, peu habituée à cacher ses sentimens, répondit par un soupir. Le couple s'enhardit. Le séducteur parla d'hymen ; Zoë l'écouta avec ivresse ; des entrevues plus fréquentes eurent lieu; on trompa l'Argus ; Zoë fut crédule et faible, le jeune homme perfide et entreprenant, et Zoë commit une faute dont elle eut de prompts remords, en apprenant que celui qui l'avait trompée était marié depuis quelques années. Ne pouvant céler à son tuteur l'état dans lequel l'avait plongée sa faute, elle usa des droits que le temps lui avait donnés;

elle devint libre, et se retira spoliée de sa fortune que son tuteur avait dissipée, et privée d'un bien plus précieux, l'honneur. Zoë ne tarda pas à sentir cette affreuse vérité, qu'une seconde faute est la suite nécessaire d'une première : elle chercha des consolateurs, et ne trouva que des cœurs pervers. Son âme confiante fut encore trompée; des liaisons la jetèrent dans un cercle de connaissances perfides; le vice prit, dans son cœur égaré, des racines profondes ; elle oublia les lois de la retenue; elle ajouta faute sur faute, jusqu'à ce qu'elle succombât sous le poids de l'infamie. Quelque temps s'écoula : un jour elle sortit de la sorte de torpeur où la plongeaient ses excès. Le passé vint frapper son imagination : comme un tableau épouvantable, elle recula d'horreur, elle eut honte d'elle-même ; une révolution subite se fit. Devenue riche du prix de ses débauches, elle résolut de purifier la source honteuse de ses richesses, et de regagner l'estime de la société, que ses dépravations lui avaient ravie. Son esprit se tourna vers une retraite religieuse. Après avoir passé quelque temps dans le désespoir et dans les larmes, elle surmonta ses peines et expia, dans l'Ordre consacré aux soins des malades, ses funestes égaremens.

———

LISTES ET ADRESSES

DES

Principales Maisons de prostitutions et des Nymphes.

Maison du N° 113,

Tenue par Madame Lévesque.

Modeste.
Henriette.
Esther.
Suzette.
Pauline.
Cœlina.
Josephine.
Olympe.
Juliette.
Mariane.
Adèle.

Emilie.
Rose.

Maison du N° 121,
Au Palais-Royal.

Modeste, dite la petite.
Adèle.
Ernestine.
Augustine.
Octavie.
Eulalie.
Manette.
Cecile.

3ᵉ Maison dite de la Comète.

Hortense.
Virginie.
Victoire.
Zoë.

1ʳᵉ *Maison de la rue des Colonnes, N° 5.*

Amenaïde, la blonde.
Cœlina.
Delphine.
Émélie.
Rosine.

2ᵉ *Maison de la rue des Colonnes.*

Ermance.
Laurence.
Alexandrine.
Julie.
Sophie.
Zerline.

Maison de Madame Charlemagne,
Rue Traversière-St.-Honoré, N° 5.

  Amélie.
  Alexis.
  Antoinette.
  Clara.
  Delphine.
  Pauline Valmore.
  Perrette Luscot.
  Fanny.
  Maria.

Maison de Madame.........,
Rue Traversière-St.-Honoré, N° 27.

  Julie.
  Lise.
  Laurence.

Maison de Madame Lange;
Rue Traversière-Saint.-Honoré, N° 38.

    Eugénie.
    Virginie.

Maison rue de Richelieu, N° 39.

    Anne.
    Annette.
    Armande.
    Benigne.
    Caroline.
    Cécile.
    Zoë la brune.

Maison rue Dauphine N° 65.

Justine.
Alphonsine.
Claire.
Virginie, de Chartres.

Maison rue d'Amboise, N° 2.

Blanche.
Fanny.
Laure.
Manette.
Nanine.
Rose.

Maison rue Feydeau, N° 8.

Angélique.

Augustine.
Delphine.
Saint-Aubin.
Zilette.

Maison rue Croix-des-Petits-Champs, N° 2.

Aldegonde.
Léonide.
Heloïse.
Blondine.

Maison rue Basse, Porte Saint-Denis, N° 14.

Aurore.
Benigne.
Cécile.

Minette.
Olympe.
Ursule.
Zoë.

Maison rue Neuve Saint-Martin.
N° 72.

Fanchette.
Marie.
Anaïs.
Laurine.

Maison, rue Ste-Apoline, N°24.

Jenny.
Joséphine.
Maria.
Rosalie.
Rose.

Maison rue des Coquilles, N° 1.

Constance.
Julie.
Sophie.

___

De tous les modes d'indications, celui des maisons de femmes publiques pensionnaires nous a paru celui que nous devons choisir. Les femmes isolées ont toutes ou presque toutes des obstacles qui ne leur permettent pas de recevoir ceux qui leur rendent visite. Plusieurs n'obtiennent un asyle dans les maisons bourgeoises qu'à la condition expresse de n'y admettre aucun homme ; d'autres déguisant aux personnes qui les entourent la profession que le malheur ou la vocation leur a fait embrasser, s'imposent d'elles-mêmes une semblable obligation par l'intermédiaire des matrones qui tiennent chacune des maisons principales que nous venons de nommer. Le moraliste et le libertin pourront parvenir à la connaissance de telle nymphe que leur choix appellerait près d'eux.

Indépendamment de ces indications, les lieux les plus fréquentés par les nymphes du second ordre, sont :

Le Pâté des Italiens,

Où, dans l'ombre de la nuit, les sylphes amoureux voltigent autour de la blonde Augustine, de la mulâtre Virginie, de la grande Pauline, et d'Adélaïde, dont les yeux bleus sont surmontés d'un sourcil noir qui décrit un arc d'ébène.

La Barrière des Sergens,

Rue Saint-Honoré,

Où, parmi mille nymphes hideuses de vieillesse et de difformité, folâtrent plusieurs jeunes syrènes qui, par leurs grâces et leurs attraits, font un contraste frappant, papillonnent dans les rues adjacentes ; quelques-unes se cachent dans l'obscurité. La nature leur a donné de jolis traits ; mais l'inconstante fortune leur a ravi ces ornemens qui rehaussent la beauté ; et le modeste vêtement qui cache leur nudité, leur interdit l'entrée des parvis du temple où sont réunies des nymphes souvent moins belles, mais plus élégantes.

Le Péristyle du nouvel Opéra,

Où quelques beautés nocturnes viennent recueillir le tribut des sens que meut le prestige du nouveau temple de Clio.

Le boulevard Bonne-Nouvelle,
devant le Gymnase,

Où, pendant un entr'acte, l'essaim des plaisirs vient mendier un instant dérobé aux prêtresses de l'asile de Comus.

La rue Neuve-des-Augustins,

Où quelques jeunes beautés, s'arrêtant devant un magasin de nouveautés, fixent les élégans produits des tissus de nos manufactures, et portent alternativement les yeux sur quelque élégant promeneur, lui faisant sentir le désir qu'elle a d'échanger ses faveurs contre un cadeau offert des mains de la galanterie.

La rue Rameau,

Ou quelques jeunes prêtresses guettent l'étranger qui, ignorant le changement de l'ancien Opéra, se rend en ce lieu pour jouir des prestiges du premier temple des arts, et qui, s'apercevant de son erreur, accepte, pour se consoler, l'aimable rendez-vous de la fille du plaisir. La jeune Manette, Julie, Caroline, Sophie, paraissent souvent dans ces lieux sur les ailes du mystère.

La Rotonde de la Halle,

Où, dès la brune, se répand une nuée de nymphes, dont les faveurs sont au prix le plus modéré, et dont les appas excitent les timides désirs des artisans de ces quartiers. La liste de leurs noms ne pourrait guider l'observateur dans le dédale du vice. Elles s'appellent presque toutes Manon, Nanon, Marie. A ces mots prononcés par la voix, un groupe formidable apparaît.

Avenue des Champs-Elysées.

L'avenue qui borde la place Louis XV est le dernier degré de la prostitution. C'est pour ainsi dire l'autel du plaisir du mendiant ; c'est là que les artisans les plus pauvres vont porter leur tribut à l'amour ; c'est sous le feuillage des ormeaux qu'ils sacrifient à leurs désirs la faible somme qui doit leur assurer leur existence du lendemain. C'est là que l'observateur porte un regard d'affliction ; c'est là qu'il faudrait conduire un jeune débauché qui fait les premiers pas dans la carrière. Le tableau de l'avenue des Champs-Elysées pourrait seul le rendre à l'honneur.

HISTOIRE DE VICTORINE.

Victorine a reçu le jour sous le beau ciel de la Provence, dans ces lieux enchantés que baigne la Vaucluse, qu'embellit un printemps éternel; pays immortalisé par les soupirs de tant d'amans célèbres.

C'est dans cette terre si féconde en tendres souvenirs, que Victorine, dans le sein d'une famille honnête, passa les premières années de sa vie. A peine au sortir de l'enfance, à cet âge où les conseils d'une mère sont si utiles, elle perdit la sienne. Son père lui restait. Militaire plein d'honneur, d'une probité sévère, mais peu habile à connaître et à diriger les penchans d'une jeune fille.

Abandonnée presqu'à elle seule, douée du plus heureux caractère, sensible, aimante, vive, emportée dans ses désirs, Victorine s'élançait ainsi à la puberté. Bientôt les soins qu'elle donne à l'auteur de ses jours, les bienfaits qu'elle répand sur les malheureux ne remplissent plus son cœur; il faut encore à sa sensibilité un autre aliment.

La lecture vient à son secours; elle dévore ces livres qui peignent si bien les sentimens qu'elle éprouve; elle s'enthousiasme pour ces héros imaginaires : leurs peines et leurs plaisirs deviennent les siens. Des larmes véritables coulent au récit de maux fantastiques ; et alors qu'elle déplore ces victimes de l'amour, elle desire leur ressembler, pleurer, gémir comme elles ; et ces pleurs lui sembleraient doux.

Son imagination s'enflamme ; elle ne rêve qu'au bonheur de posséder l'être charmant qui doit la rendre heureuse ; elle jure de l'aimer de toutes les facultés de son âme ; les rêves les plus voluptueux le lui représentent à ses genoux ; elle est au jardin d'Armide ; tout lui plait, tout l'éblouit, et à travers le prestige elle n'aperçoit pas le désert.

Tel était l'état de son cœur lorsqu'un jeune officier de hussards dont le régiment était en garnison à........ vient passer quelque temps dans sa famille : il la voit, en devient amoureux, la suit dans tous les lieux publics; il était beau, une taille superbe, enfin Mars sous les traits d'Adonis.

Sa vue a jeté le trouble dans l'âme de la jeune fille : le sommeil fuit sa paupière ; une douce mélancolie s'empare de son cœur, et déjà à peine sûre d'être aimée ; elle jure de renfermer son amour qu'elle partage, sans doute, mais dont elle ne fera jamais l'aveu, contente d'adorer Charles en secret.

Serment inutile, ses efforts même la trahissent, ses regards constamment baissés, le soin qu'elle met à éviter ceux de son amant, la rougeur que son approche fait naître, tout apprend au jeune officier qu'il est aimé, et sûr de son triomphe, une lettre brûlante vient porter le dernier coup à ce cœur si faible.

Victorine la reçoit, la lit, et l'aveu de sa flamme lui échappe.

Quelle ivresse suit ce premier pas! Le plaisir d'aimer, l'espérance de l'être toujours, celle de passer sa vie dans les bras de l'ami qu'on s'est choisi, ah! sans doute, c'est dans de pareils momens qu'on jouit avec délices du présent, et qu'on sourit avec confiance aux promesses de l'avenir.

Ils étaient heureux; mais le bonheur ne peut être éternel. Nos armées se dirigeaient vers le nord, et Charles doit partir dans quelques jours; il annonce à Victorine cette terrible nouvelle. Déjà, depuis quelque temps, elle s'y préparait; cependant elle ne l'apprit qu'avec désespoir. Elle ne peut soutenir l'idée de se séparer de son amant; elle se décide à quitter son père, à fuir les lieux qui l'ont vu naître. Un motif bien puissant lui parlait encore; elle recélait dans son sein un fruit de leurs amours.

Arrivée à Paris, elle tombe malade. Les fatigues du voyage, l'inquiétude, les remords, qui déjà déchirent son cœur, augmentent son mal, et avant le terme marqué par la nature; elle donne le jour à un enfant qui expire aussitôt.

Charles suit son régiment : il est forcé

d'abandonner son amie. Il lui laisse le peu d'argent qu'il possède, lui promet de partager avec elle ses faibles appointemens, et s'éloigne la mort dans l'âme.

Victorine se rétablit, cherche à s'occuper. Sa figure intéresse : on lui promet de l'ouvrage ; on lui fait des offres qu'elle rejette avec indignation. Les protecteurs s'éloignent, et elle reste seule. Bientôt les ressources s'épuisent, et elle voit l'affreuse misère qui va l'assiéger.

Dans ces cruelles conjonctures, une lettre datée de Fit-zen arrive ; elle est de son amant. Elle l'ouvre et y voit ces lignes, tracées d'une main défaillante :

« Adieu, chère Victorine ; quand tu recevras cette lettre, je ne serai plus. Je cherchais la gloire ; j'ai trouvé le trépas. Dans ce moment cruel, une seule idée empoisonne ma dernière heure. C'est moi qui t'ai précipitée dans l'infortune ».

On ne peut peindre son désespoir; elle veut se donner la mort, jure de ne pas survivre à son amant. Long-temps elle gémit, elle pleure ; enfin la douleur s'appaise un peu ; elle considère sa position ; elle a abandonné l'auteur de ses jours. Sa honte l'empêche de retourner près de lui. Enfin, plongée dans la plus cruelle maigreur, une femme se présente à elle, lui offre des secours, semble la plaindre, et l'entraîne dans ces repaires affreux que la police laisse subsister parce qu'il faut des abîmes aux forcenés.

Elle s'aperçut trop tard du piége qu'on a tendu à son inexpérience... Elle veut fuir ; il n'est plus temps.

Victorine m'a raconté son histoire. Elle pleurait, et ses larmes paraissaient sincères. Ah ! disait-elle, j'ai foulé aux pieds les lois les plus sacrées de la nature. J'ai tout sacrifié à mon amour... J'en suis cruellement punie. C'est pour toi que je souffre, ô mon cher Charles ! Bientôt, je l'espère, je te rejoindrai. En prononçant ces mots, elle baisait un bracelet de cheveux... Je fus attendri; et en m'éloignant, je disais : Elle méritait un meilleur sort.

EXPOSÉ GÉNÉRAL

SUR LES MOEURS, COUTUMES ET USAGES DES COURTISANES GRECQUES.

TITRE PREMIER.

Du culte, du plaisir et de son universalité.

Après avoir entretenu le lecteur des courtisanes françaises, je mettrai sous ses yeux un tableau fidèle et rapproché de celui des courtisanes de l'Inde et de l'Égypte, dont le caractère conserve encore de nos jours l'expression qu'il eut dès la plus haute antiquité, et qui semble avoir été le type primitif et grossier des mœurs élégantes des Aspasie et des Laïs. Il est utile de faire remarquer que, dans l'Égypte, dans l'Inde, comme dans la Grèce, la religion et la politique divinisèrent la volupté, appelèrent les courtisanes dans toutes les fêtes, et placèrent, pour ainsi dire, les autels des Dieux et les tables des lois sous la sauvegarde des plaisirs.

Un écrivain (1) nous transmet « Que la religion des peuples de l'Inde ne leur interdit pas les plaisirs des sens, et la presque totalité de leurs auteurs anciens moraux, même les plus rigides, ont employé leurs plumes à tracer quelques pages en faveur de l'amour et de la vo-

---

(1) Histoire de l'Inde, cit. par I-F. V-B.

lupté. On attache même si peu d'ignominie à l'état des danseuses indiennes, que très-souvent elles ont été désignées sous le nom de servantes des Dieux. Dans ces contrées elles sont presque les seules femmes qui apprennent à lire, écrire, chanter, danser et jouer des instrumens : elles sont par petites troupes, sous la direction de matrones discrètes. Aucunes cérémonies, aucunes fêtes, soit civiles, soit religieuses, ne se font sans leur présence qui est regardée comme un ornement nécessaire. Consacrées par état à célébrer les louanges des Dieux, elles se font un pieux devoir de contribuer aux plaisirs de leurs adorateurs des honnêtes tribus; quelques-unes d'entre elles, par rafinement de dévotion, ont

les filles des romains et des grecs dégénérés se faisaient donner des principes de goût (1), et peut-être moins secrètement.

TITRE DEUXIÈME.

Etablissement des Courtisanes.

Il est curieux et piquant de trouver dans la politique, et même dans la morale, de quoi justifier l'établissement public des courtisanes. Un grand philoso-

---

(1) *Motus doceri gaudet ionios
Nondum matura virgo.* (HORAT.)

phe, voulant arracher les jeunes gens à des passions dont rougit la nature, fut le premier qui favorisa par des lois (2) le trafic que des athéniennes voluptueuses firent de leurs charmes.

On aura pu reconnaître l'influence que ces établissemens, ou plutôt cette religion du plaisir, exercèrent sur les mœurs, au Titre des fêtes de Vénus.

Un temple érigé à Vénus facile se voit à Abydos. Ce temple dut son origine à la reconnaissance, et rappelle celle des habitans pour une courtisane qui, par son dévouement, sut leur faire recouvrer la liberté (3). Les courtisanes de

___

(2) Necaud. Coloph. Plutarq., vie de Solon.
(3) Athen., Pamphil., Muson.

Corinthe demandèrent à Vénus le salut de leur patrie (1), lorsque les Perses menacèrent la liberté de la Grèce. Celles d'Athènes suivirent Périclès au siége de Samos (2).

Au milieu de la ville de Licurgue, Catina, une des prêtresses de l'Amour, a une statue (3).

Donc non-seulement la politique institua ce singulier établissement ; mais la religion lui imprima un caractère divin, et les monumens publics l'immortalisèrent : nul esprit de prévention ne pouvait l'avilir. Plus d'un grand-homme

---

(1) Athèn., Pamphil., Muson. Héracl.
(2) *Ibid.*
(3) Polémon.

dut la naissance à une courtisane : on cite même parmi les enfans voluptés (1) le grand Thémistocle, le général Thimothée, le rhéteur Aristophon, Bion le philosophe, l'orateur Demade, etc.

L'on a donné à grand nombre de pièces de théâtre le nom des courtisanes les plus fameuses. La Grèce assemblée s'occupait de leurs mœurs et de l'image de de leurs plaisirs. Tour-à-tour on applaudissait la Nérée de Timoclès, la Phannium et la Thaïs de Menandre, l'Antée de Phylinius, la Clebsy de d'Eubule, la Tarletta de Diaclès, et la Carianus de Phérécrate.

---

(1) Athénée.

De cette manière leur présence et leur souvenir embellissait, préparait ou donnait des fêtes.

Le commerce assidu des courtisanes qui paraissaient donner le ton et tenir le premier rang, et l'amour dominant de la volupté avaient acquis à Corinthe une sorte de célébrité ; aussi dans le délire le plus complet les Corinthiens proclamaient-ils hautement que Vénus sortant des ondes avait adressé son premier regard à leur citadelle.

Dans la crainte que les courtisanes ne manquassent à Corinthe, on tirait, à grands prix, des pays limitrophes, principalement dans les îles de l'Archipel, et jusqu'en Sicile, de jeunes filles que l'on élevait pour les consacrer à la prostitution ; du moment qu'elles auraient atteint l'âge compétent. On établissait même la réputation qu'elles pourraient se faire un jour, sur leur manière de croître et d'après leurs traits naissans. C'est avec la plus grande surprise que l'on a entendu les législateurs et les chefs de la république parler sans cesse des courtisanes, et cela dans des circonstances importantes, où même il s'agissait de traiter les plus grands intérêts : l'étonnement s'accroît de les voir paraître tantôt pour réprimer leurs artifices séducteurs et le danger de leur profession ; tantôt pour les défendre des charges qui pesaient contre elles, justifier la licence de leur vie sous le rapport de l'utilité de leur établissement et son impérieuse nécessité.

On doit encore aux auteurs les plus graves la connaissance des surnoms des courtisanes grecques, de leurs vices et imperfections.

Quelques-unes d'entre elles mettaient, il est vrai, les étrangers à contribution pour les entretenir : mais plus souvent les opulens et voluptueux citoyens en faisaient eux-mêmes les frais, s'y ruinaient, ainsi qu'Alciphron l'indique par quelques-unes de ses lettres.

Les courtisanes étaient d'autant plus séduisantes, qu'aux grâces de la figure, aux piéges d'une coquetterie rafinée, à une parure attrayante, à une élégance recherchée, elles savaient joindre les grâces de l'esprit, la vivacité, la finesse, la subtilité des réparties ; elles assaisonnaient le plaisir de leur société par tout ce que le sel attique avait de plus enivrant, par le piquant de la nouveauté.

L'étude des belles-lettres et celle des mathématiques occupait une certaine partie du temps de quelques-unes de ces courtisanes ; ce qui rendait encore leur conversation plus intéressante et soutenue; mais aussi leurs amans payaient cher le soin qu'elles prenaient de se rendre aimables et plus séduisantes. De-là venait l'empire absolu qu'elles exerçaient sur eux, et la mesure des complaisances égalait celle de la libéralité et de la fortune de leurs tenans ; aussi étaient-ils quittés et éconduits sitôt qu'elles s'apercevaient que leur goût pour la dépense ne pouvait plus être satisfait.

Il est vrai de dire que quelques-unes d'entr'elles, celles qui passaient ou voulaient passer pour les plus honnêtes, admettaient à leur table les amans qu'elles avaient ruinés, quand ils étaient assez lâches pour s'abandonner à un pareil déshonneur; peut-être se trouvaient-ils heureux d'une telle ressource. Il sera facile de n'en pas douter, surtout si l'on se rappelle que de tous les hommes, les grecs, pour satisfaire leur goût pour la table, sont les moins délicats sur le choix des moyens.

Même à la tête des armées, Charès se fit remarquer par sa vie voluptueuse: une foule de courtisanes et de musiciennes étaient à sa suite, et une partie de l'argent destiné au payement des troupes, lui servait pour les entretenir. Dans cet intervalle il ne touchait point ses revenus; mais il les réservait pour gagner les orateurs, les chefs de factions, les juges mêmes qui auraient pu dévoiler son affreuse conduite: aussi malgré le mérite de ses collègues, il l'emporta sur eux, et vint à bout de les faire condamner à des amendes et à les éloigner du commandement; il jouit continuellement de la faveur du peuple, malgré les désavantages qu'il éprouva partout, et que l'on eût connaissance qu'il s'était laissé gagner par l'or des Satrapes du Roi de Perse. Pouvait-il en être autrement? le goût général des Athéniens pour la volupté la plus licencieuse, était telle alors, que toute la jeunesse consacrait uniquement son temps aux courtisanes et aux amusemens : les plus âgés l'employaient au jeu et à d'autres exercices aussi pernicieux que blâmables ; de façon que le produit des revenus du gouvernement républicain s'employait moins à sa conservation, sa gloire et sa défense, qu'à gorger le peuple de distribution de viandes et de festins publics.

En employant sa fortune, et ce qu'il enlevait sur ses ennemis, à donner au peuple des repas et des fêtes publiques, Charès en était regardé comme l'idole. Dans un seul jour il dépensa soixante talens qui lui revenaient pour sa part du butin fait à Delphes au temple d'Apollon, pour un festin magnifique qu'il lui donna dans la grande place, et à des sacrifices dont les offrandes tournaient également au bénéfice de la classe la plus dépravée du peuple.

A son exemple, Hippias et Hipparque, fils de Pisistrate, établirent en faveur du peuple, plutôt pour le corrompre que pour le policer, des festins publics, certains jours de fêtes, et des débauches que la religion semblait même autoriser: les courtisanes en faisaient l'ornement ; leur assemblée était comparée aux flots de la mer, tant leur nombre était grand.

Périclès était regardé comme le plus voluptueux; et, pour habiter avec la courtisane Aspasie de Mégare au mépris des bienséances, il met sa femme légitime hors de sa maison.

Nous n'entretiendrons pas le lecteur de tous les détails des débauches et du luxe d'Alcibiade ; il suffira de lui apprendre qu'à son retour d'Olympie, il ne craignait pas d'exposer en public deux tableaux dans l'un desquels il était représenté recevant, aux jeux olympiques, la couronne du vainqueur ; dans l'autre on le voyait assis aux genoux de la courtisane Neméa, et peint avec tant de mollesse, qu'une femme même aurait dû rougir, tant sa beauté avait un air de volupté. Les mœurs publiques répondaient à celles des hommes qui les gouvernaient, et d'après cela on peut juger ce que devait être un état populaire conduit par de tels chefs.

La compagnie des courtisanes était

évitée avec soin des femmes honnêtes qui jouissaient de la considération et des respects des chefs du gouvernement et de leurs maris. Toute courtisane qui aurait troublé la paix des ménages, était déclarée coupable d'un délit capital, et les tribunaux usaient contre elle de la plus grande sévérité (1).

Les éloges du public n'étaient rien pour les dames athéniennes; elles n'y avaient même aucune prétention. Concentrées dans l'intérieur de leurs maisons, leurs vertus et leurs qualités personnelles inspiraient le plus grand respect.

Enfin ces établissemens furent, par

---

(1) Voy. les notes du traduct. d'Alciphron.

expérience, reconnus très utiles; Venise même en offre la preuve (1 .)

TITRE TROISIÈME.

Descriptions et habitations des Courtisanes.

Des maisons délicieuses étaient habitées par les Laïs, les Phrynès; les premiers hommes de l'état, les étrangers, les négocians, les poètes, les artistes et les philosophes leur rendaient tour-à-

---

(1) Il y a à peu près un siècle, qu'à Venise le Conseil des Dix bannit les courtisanes de la capitale et même des terres de la république; mais les désordres que leur absence occasionna, le forcèrent à les rappeler : on leur assigna des maisons, et des magistrats furent chargés de leur surveillance.
Voyez l'histoire du Gouvernement de Venise par Amelot de la Houssaie.

tour de fréquentes visites. C'est dans ces réduits charmans où régnait le goût le plus délicat, par l'emploi de la richesse et le ton de la conversation, que la beauté communiquait à tout ce qui l'entourait un charme dont chacun jouissait avec délices.

On remarque que la majeure partie des courtisanes appartenait à des maîtres avares qui ne rougissaient pas de trafiquer de leurs charmes : c'est alors qu'elles mettaient tout en usage pour séduire quelque particulier opulent qui, après les avoir achetées, finissait par les affranchir de leur esclavage. On vit la belle Phyla achetée et affranchie par l'orateur Hypéride.

Les courtisanes de la dernière classe,

en un mot le vulgaire, habitaient les environs de Céranique (1) et les arcades du long portique qui s'offre aux premiers regards de ceux qui arrivent et s'embarquent au Pyrée (2).

Après les jeux, le théâtre appartenait à ceux de Vénus (3). C'était le plus souvent au bord de la mer que se passaient les scènes amoureuses. La neuvième heure du jour, ordinairement consacrée à la dernière toilette et au repas (4), était celle où les rendez-vous se donnaient.

Les courtisanes paraissaient sur le seuil

---

(1) Il y avait à Athènes deux Céraniques; le premier destiné aux mânes des guerriers, le second aux courtisanes.
(2) Potter —.
(3) Isidor. L. 18. Chap. 13.
(4) Laurent. Page 1408 —.

demi-nues, lascives et provoquantes, lorsque les femmes honnêtes se renfermaient dans l'intérieur des maisons de la gynécée.

Elles étaient obligées de porter une parure recherchée et élégante, suivant une loi de Solon (5); alors une gaze transparente caresse leurs formes (6).

Au lieu de la toilette des mères et des épouses athéniennes, les femmes françaises ont adopté celles des dernières courtisanes de la Grèce et des courtisans.

On voyait sur leurs portes, et quelquefois sur leurs fronts leurs noms écrits (7).

---

(5) Leg. Athacoll. à Saint Petit.
(6) Altera nil obstat, coïs, tibi pene videre est
Ut nudam, non crure malo, non sit pede turpi
Metiri possis oculo latus. (HORAT. SAT. II.
L. 1).
(7) Educta es in lupanor, accepisti locum.

Le sphinx était l'emblême naturel des courtisanes (1) : une voile pendait devant leurs portes ; souvent même elles étaient ornées des attributs du Dieu des jardins.

Une inscription placée sur la porte (2) annonçait aux profanes que l'on célébrait les mystères.

Ces femmes paraissaient dans le jour à leur fenêtre avec un brin de myrte, qu'elles agitaient sous leurs doigts, et qu'elles promenaient sur leurs lèvres (3).

Leurs portes sont assiégées la nuit avec des haches et des flambeaux par des jeunes gens.

---

pretium constitutum est, titulus inscriptus, nomen tuum pependit in fronte, stupri pretia accepisti. (Senec. cont. 11. L. 1.)

(1) Salmathe sur Pancirol.
(2) Occupata est, Rant, Martial, Juven.
(3) Athen. L. 13.

On suspend des guirlandes (1) aux portes des plus belles, suivant un usage charmant et sacré ; on y épanche les premières libations du vin ; en l'honneur des Grâces, on renverse trois fois la coupe : c'est de-là que nous vient ce mot d'un poète : « On trouve toujours Bacchus à la porte de Cythérée ».

Quand on peut contempler en plein jour une foule de courtisanes rangées en file et vêtues de ces tissus diaphanes qui décèlent tous les charmes de la nature, ne faut-il pas être insensé (2) pour chercher secrètement, et dans la nuit, les faveurs d'une femme ? Il vous semble

---

(1) Les hommes déclaraient leur amour, en suspendant une guirlande, en écrivant sur les arbres des environs le nom de la beauté qui les charmait; les femmes, en se couronnant de roses.

(2) Enbule, Nant, Athen.

assister aux jeux de ces nymphes que l'Éridan nourrit dans le cristal de ses ondes. On peut facilement, et à vil prix, acheter leurs faveurs les plus secrètes, sans se rendre criminel, ou satisfaire sa passion; et cette jouissance est plus sûre que celle que l'adultère trouve dans les bras d'une femme mariée.

L'on en trouve de toute espèce : les unes ont la taille swelte, épaisse, haute, courte; d'autres sont vieilles, jeunes et de moyen âge. On peut choisir entre toutes, et jouir dans les bras de celle que l'on trouve la plus aimable, sans recourir au risque d'escalader les murs, ou d'user d'aucun autre artifice pour parvenir jusqu'à elles (1). Elles font même

---

(1) Xenarq. Pentathl.

toutes les avances, et se disputent la gloire et l'avantage de vous recevoir dans leur lit. Etes-vous âgé ? « *Bon papa*, vous dit-on ; êtes-vous jeune ? *Bon petit frère*. Il vous est facile du moins d'en jouir facilement sans crainte ; de jouir de nuit, et enfin de telle manière qu'il vous plaît. Mais les autres, à peine ose-t-on les fixer, ou même leur jeter un coup-d'œil à la dérobée. Ce sont toujours des craintes, des frayeurs, des frisson-nemens ; toujours de nouvelles alertes, de nouveaux dangers. Ah ! Vénus, déesse adorable, comment s'exposer à se jeter dans leurs bras, lorsque l'on songe aux lois de Dracon (2) ? comment

---

(5) Des lois punissaient de mort l'adultère: le coupable était remis à la discrétion de l'é-

imprimer sur leurs lèvres un seul baiser ?

Sous un autre aspect considérons ce tableau. Quels artifices ! D'abord gagner et duper ceux qui les fréquentent ; voilà leur but, et sous ce rapport elles sont toujours en embuscade. Sont-elles un peu à l'aise ? elles prennent chez elles de jeunes filles qui ne sont pas encore au fait du métier, et bientôt elles les transforment au point de leur changer les sentimens, et même jusqu'à la figure et la taille. Une novice est-elle petite ? on lui coud une semelle épaisse de liége à sa chaussure. Est-elle de trop haute taille ? on lui fait porter une chaussure

---

poux outragé, et le plus souvent son supplice consistait à recevoir largement les étrivières : on l'abandonnait ensuite aux esclaves qui le maltraitaient cruellement. (Athen.)

très-mince, et on lui apprend à renfoncer la tête dans les épaules en marchant; ce qui diminue un peu la hauteur. N'a-t-elle pas asssez de hanches ? on les renfle par artifice ; de sorte que ceux qui la voient, ne peuvent s'empêcher d'admirer cette croupe empruntée. A-t-elle un gros ventre ? grâce à des ressorts qui font l'effet des machines droites dont se servent les comédiens, on lui renfonce le ventre en arrière. Si elle a les sourcils roux, on les lui noircit avec de la suie ; les a-t-elle noirs, on les lui blanchit avec de la céruse. A-t-elle le teint trop blanc ? on la colore avec du *pédérate*. Mais a-t-elle quelque beauté particulière ? on étale au grand jour ses charmes naturels. Si on lui connaît de belles dents, on la force de rire, afin que les spectateurs aperçoivent combien sa bouche est belle. N'aime-t-elle pas à rire? on la tient toute la journée au logis ayant entre ses lèvres un brin de myrte ; de sorte qu'elle est obligée de montrer son ratelier, bongré, malgré. Voilà comment les honnêtes matrones emploient leur art pour instruire leurs novices. N'importe ; la passion met un bandeau sur les yeux, ou plutôt elle présente aux regards un prisme qui colore tous les objets des feux du désir.

Les moyens de séduction, le manége employé par les courtisanes grecques, leur manière de vivre, enfin tout l'entourage que la coquetterie et le libertinage peuvent accumuler pour parvenir au but qu'elles se proposent, ayant la plus grande analogie avec ce que font nos courtisanes françaises, nous avons pensé que ce rapprochement placé sous les yeux du lecteur, le mettra à même de juger que les dernières ne le cèdent en rien aux premières, et pour le convaincre, nous lui exposons la description suivante. Puisse-t-il nous en savoir gré !

Rêves d'Attitudes et Positions.

Un soir que la lune jetait un jour mélancolique sur toute la nature, j'aperçus en songe un groupe de nymphes. L'une était mollement renversée ; l'œil et le désir comptaient les douces palpitations de son sein demi-nu. Une autre dansait, et le zéphyr souleva de côté une gaze envieuse. Une troisième était entièrement nue : sa blancheur éclatante brillait comme un fantôme, ou comme une divinité dans l'obscurité des ombres. Une autre, entièrement voilée, ne laissait voir que ses bras et ses épaules d'albâtre. Une autre avait le sein couvert et faisait briller à travers les fentes de sa robe les contours les plus voluptueux. L'amour, qui s'imprima à cette vue sur mon cœur, comme un cachet brûlant, n'y laissa point entrer l'espérance. Ses cheveux blonds voltigeaient au gré de l'haleine amoureuse des vents. Un incarnat léger, semblable aux premiers feux de l'aurore, se mêlait à ses lis ; d'autres roulaient en riant sur le mol hélénium, et sur les touffes de violettes, de safran et de roses. Un Dieu, jaloux de mon extase, me réveilla et ne me permit pas de jouir de la réalité.

ORIGINE DE LA FEMME.

Femme.

Dieu, prétendent les Rubbins, ne voulut pas la créer d'abord, parce qu'il prédit que l'homme aurait bientôt à se plaindre d'elle. Il attendit qu'Adam la lui demandât, et celui-ci n'y manqua pas, dès qu'il eut remarqué que tous les animaux paraissaient devant lui deux à deux. Dieu prit, mais en vain, toutes les précautions nécessaires pour la rendre bonne. Il ne voulut pas la tirer de la tête, de peur qu'elle n'eût l'esprit et l'âme coquets; mais le malheur n'en arriva pas moins, et le prophête Isaïe se plaignait, il y a déjà bien long-temps; que les filles d'Israël allaient la tête levée et le sein découvert. Dieu ne voulut pas la tirer des yeux, de peur qu'elle ne jouât de la prunelle. Cependant Isaïe se plaint encore que les filles de son temps avaient l'œil tourné à la galanterie. Il ne voulut pas la tirer de la bouche, de peur qu'elle ne parlât trop; cependant il n'est jusqu'ici aucune puissance qui ait su mettre un frein à sa langue, ou une digue au flux de sa bouche. Il ne la prit point de l'oreille, de peur qu'elle ne fût une écouteuse; cependant il est dit de Sara qu'elle écoutait à la porte du Tabernacle, afin de savoir le secret des Anges. Dieu ne la forma pas du cœur, de peur qu'elle ne fût jalouse; cependant combien de jalousie et d'envie déchire le cœur des filles. Il ne voulut point la former des pieds ni de la main, de peur qu'elle ne fût coureuse, et que l'envie de voler ne lui vint ; cependant Dina courut et se perdit, et, avant elle, Rachel avait dérobé les Dieux de son père : bref, on eut beau choisir une partie honnête et dure de l'homme, dont il semble qu'il ne pouvait sortir aucun défaut, la femme n'a pas laissé que de les avoir tous.

Mesdames,

Ce portrait-là n'est pas fort à votre avantage
Mais, malgré vos défauts, on vous aime à la rage.

D'ailleurs, sachez, pour vous consoler, que ce malin portrait est tiré du Dictionnaire de la Fable, et que Labruyère a dit qu'une belle femme qui a les qualités d'un honnête homme, était ce qu'il y avait au monde d'un commerce plus délicieux, puisqu'on trouvait en elle tout le mérite des deux sexes.

COURS D'AMOURS.

On appelait ainsi des assemblées où les dames, les chevaliers et les troubadours s'exerçaient sur la galanterie, qui était l'esprit dominant des douzième et treizième siècles. Il n'y avait aucun sentiment du cœur, quelque finesse qu'on lui suppose, qui pût échapper à leur sagacité; tous les cas imaginables étaient prévus et décidés. On y proposait quelquefois, en forme de défi; des questions auxquelles on mettait bien plus d'importance qu'aux affaires d'état.

Parmi les pièces singulières auxquelles cette juridiction de l'amour a donné lieu, nous allons citer l'assignation d'un amant à sa maîtresse.

« L'an de persévérance, le neuf du mois d'assiduité, en vertu des contraintes du bureau d'Amour, et à la requête de Tircis, amant fidèle, demeurant rue du Sacrifice, paroisse de Sincérité, à l'enseigne de la belle passion, où il a élu domicile; j'ai, Nicolas de Bonne-Foi, huissier-audiencier ordinaire, immatriculé, exploitant par tout le royaume de Tendresse, et l'un des officiers de Cupidon, juge de l'île de Cythère, soussigné, donné assignation à demoiselle Philis, fille de Cruauté et de Tyrannie, en son domicile, rue des Rigueurs, paroisse de Dureté, à l'enseigne du Cœur de rocher; parlant à son aimable personne, à comparoir, deux heures de relevée, en la chambre d'Engagement, pardevant M^r. Cupidon, Prince de la Constance, Lieutenant-général de la Fidélité, Marquis de la Complaisance, seul juge du royaume d'Amour; pour se voir condamner, ladite Philis, et par corps, à donner dans le jour, et sans délai, son cœur audit Tircis, conformément à la promesse verbale qu'elle en a faite; lui déclarant que faute d'y comparaître, elle sera atteinte et convaincue du crime d'infidélité ; que défenses lui seront faites à l'avenir de plus hanter personnes du sexe masculin, s'en étant rendue indigne sur les peines portées par les ordonnances et réglemens du royaume d'Amour ; et en outre, pour l'infidélité par elle commise et avoir faussé sa promesse audit Tircis, qu'elle sera pareillement condamnée à une insensibilité perpétuelle ; et à cette fin, permis audit Tircis de donner son cœur à qui bon lui semblera, comme de raison, requérant dépens, dommages et intérêts, attendu les chagrins et inquiétudes causés par ladite demoiselle audit Tircis ; et lui ai déclaré que M. Charles l'Aimant, procureur, occupera pour ledit Tircis en la chambre du bureau d'Amour, et ai, à ladite demoiselle, parlant comme dessus, laissé copie de la présente, pour sûreté du tout. Contrôté en l'île de Cythère, au bureau de l'Amitié, le jour de la Discorde, l'eau de Rupture ».

AMITIÉ.

L'amitié s'enrichit des pertes de l'amour.

Pensée délicate, mais malheureusement peu vraie, surtout à l'égard des femmes. Pour que l'amitié succède à l'amour dans le cœur de deux êtres qui ont ressenti l'un pour l'autre une passion violente, il faut qu'elle soit également éteinte des deux côtés. Sans cela la haine remplace l'amour dans le cœur de celui qui n'est plus aimé; l'amour-propre offensé ne pardonne pas; et si une femme passionnée avait à choisir entre la mort de son amant et son indifférence, son choix ne serait pas douteux. De toutes les manières dont on représente l'Amitié, l'emblême que lui donnaient les Romains est le plus juste: c'était une belle fille, simplement vêtue d'une robe blanche, la gorge à moitié nue, couronnée de myrte et de feuilles de grenadier entrelacées, avec ces mots sur le front: *Hiver et Été*. La frange de sa tunique portait ces deux autres: *La*

Mort et la vie. De la main droite, elle montrait son côté ouvert jusqu'au cœur, on y lisait: *De près et de loin.* On la peignait aussi les pieds nuds, parce qu'il n'est point d'incommodités qu'un véritable ami ne brave pour le service de son ami.

AMOUR.

Un jour l'amour s'était enfui de chez son aimable mère. La déesse au désespoir l'appelait à haute voix : « Si quelqu'un avait vu l'amour errant par les chemins, c'est mon fils fugitif; qu'il m'en donne des nouvelles, je le récompenserai. Pour prix de votre confidence, vous recevrez un baiser de la bouche même de Vénus;

mais si vous me le ramenez, vous jouirez d'une faveur bien plus flatteuse qu'un simple baiser. Divers signes font aisément reconnaître cet enfant; on peut le distinguer entre mille: sa peau n'est pas blanche, mais de couleur de feu; il a l'œil vif, étincelant, le parler doux, l'esprit malin; ses sentimens ne sont jamais d'accord avec ses paroles, sa voix a la douceur du miel. Est-il en colère ? il devient perfide, féroce et barbare, il est fourbe, menteur, cruel, même dans ses jeux; sa tête est couverte de cheveux épars ondoyans, l'impudence siége sur son front. Quoique ses mains soient très petites, il lance fort loin ses flèches terribles, les lance même sur les bords de l'Achéron, où il blesse le Roi des enfers. Son corps est tout nu et son âme est impénétrable : ailé comme l'oiseau, il voltige de l'un à l'autre sexe, et se fixe dans les cœurs ; il arme son petit arc de flèches, qui, malgré leur petitesse, pénétrèrent jusque dans les cieux : son carquois d'or est plein de traits perçans, dont il se blesse souvent lui-même. Si vous le rencontrez, liez-le, de peur qu'il ne vous échappe. Soyez sans pitié. S'il pleure, défiez-vous de ses larmes ; elles sont trompeuses : s'il rit, resserrez ses liens; s'il veut vous embrasser, fuyez: ses baisers sont dangereux, ses lèvres sont empoisonnées. S'il vous dit : « Prenez ces armes, je vous les donne toutes, gardez-vous d'y toucher; ses présens sont perfides et brûlans. »

Ajoutons à ce portrait de l'Amour, par Moschus, celui qu'en fait Dumoutier dans ses Lettres sur la Mythologie, et si l'Amour déserte d'auprès d'une belle, elle pourra du moins donner deux signalemens du coupable.

> Il est aimable quand il pleure,
> Il est aimable quand il rit.
> On le rappelle quand il fuit,
> On l'adore quand il demeure.
> C'est le plus aimable boudeur
> Qui soit de Paris à Cythère:
> C'est le plus aimable imposteur
> Qui soit né pour tromper la terre;
> Il fait vingt sermens aujourd'hui,

Et demain il les désavoue;
On sait quand il blesse qu'il joue,
Et l'on veut jouer avec lui.

FIN.

De l'imprimerie de F.-P. HARDY, rue Saint-Médéric, n. 44.

www.ingramcontent.com/pod-product-compliance
Lightning Source LLC
Chambersburg PA
CBHW071944160426
43198CB00011B/1534